Para

____

De

____

Mejores son dos que uno.
ECLESIASTÉS 4:9

Promesas poderosas para toda pareja

JIM Y ELIZABETH
GEORGE

EDITORIAL PORTAVOZ

La misión de *Editorial Portavoz* consiste en proporcionar productos de calidad —con integridad y excelencia—, desde una perspectiva bíblica y confiable, que animen a las personas a conocer y servir a Jesucristo.

Título del original: *Powerful Promises for Every Couple*, © 2004 por Jim y Elizabeth George y publicado por Harvest House Publishers, Eugene, Oregon 97402. www.harvesthousepublishers.com

Edición en castellano: *Promesas poderosas para toda pareja*, © 2006 por Jim y Elizabeth George y publicado por Editorial Portavoz, filial de Kregel Publications, Grand Rapids, Michigan 49505. Todos los derechos reservados.

A menos que se indique lo contrario, todas las citas bíblicas han sido tomadas de la versión Reina-Valera 1960, © Sociedades Bíblicas Unidas. Todos los derechos reservados.

EDITORIAL PORTAVOZ
2450 Oak Industrial Dr NE
Grand Rapids, Michigan 49505 USA

Visítenos en: www.portavoz.com

ISBN 978-0-8254-5582-7

1 2 3 4 5 edición / año 30 29 28 27 26 25

Impreso en los Estados Unidos de América
Printed in the United States of America

Contenido

Unas palabras de bienvenida

Recientemente, estábamos los dos juntos sentados en el sofá, pasando por encima de las páginas de un libro y lidiando con las dificultades y los problemas de la vida. Las categorías de los problemas y los temas cubrieron un amplio rango,

> desde la ansiedad hasta la tentación
>
> desde el orgullo hasta los asuntos financieros
>
> desde sobreponerse a los fracasos hasta lidiar con las pérdidas
>
> desde combatir el miedo hasta la búsqueda de un propósito
>
> desde ser fiel hasta confiar en Dios
>
> desde soportar el dolor hasta enamorarse
>
> desde comenzar hasta enfrentar la muerte

Mientras leíamos, ambos pensábamos: *"¡Sí!"* y: *"¡Yo estuve allí, hice eso mismo!"* Diez páginas después, los dos alzamos la vista y nos reímos, pensando: *"¡Caramba, nos retrataron!"*

¿A usted le pasa igual? ¿Alguna de las situaciones difíciles que se mencionaron anteriormente están relacionadas a su vida como cónyuge? ¿Puede agregar alguna otra a la lista?

¡Claro que sí! Usted es humano. Y, como nosotros, posiblemente se pregunte: *¿Adonde podemos acudir para pedir ayuda ante situaciones difíciles? ¿Hay esperanza? ¿Cómo manejar dichos retos en equipo?*

He aquí la buena noticia: ¡La ayuda existe... y hay esperanza! Dicha ayuda le llega de Dios. Dios ha hecho asequible a usted sus promesas poderosas (a ambos, al esposo y a la esposa) al darles sus papeles y responsabilidades y al mejorar su matrimonio.

¿Y si...? ¿Está diciendo usted: "Pero mi cónyuge está ausente... o imposible... o no está dispuesto a continuar leyendo junto a mí"? Por favor, no se desanime. ¡Todo marcha bien! Escuchará este mensaje en cada página de este libro: ¡Todo marcha bien! ¡Las promesas de Dios pueden conferirle poderes a *usted! Usted* puede convertirse en una potente fuerza en su matrimonio. "Si tan solo existe una persona en contacto con Dios dentro de un hogar, ella se convierte en la puerta hacia Dios para toda la familia".[1]

¡Anímese! Únasenos en esta búsqueda de tesoros, en esta aventura de descubrir un puñado de miles de promesas que Dios hace a toda pareja. Ya sean ustedes recién casados o lleven décadas de matrimonio, dichas promesas poderosas son suyas.

Sabemos que el tiempo es un verdadero problema para toda pareja. Así que, si es posible, saque un ejemplar de este libro "para él" y uno "para ella". Así, cada uno de ustedes podrá leer y marcar su propio libro para después contar sus descubrimientos a su cónyuge, si le es conveniente.

Se sentirá placenteramente complacido al ver sus corazones y su matrimonio milagrosamente transformados por la Palabra de Dios. Los análisis prácticos y los consejos útiles que aparecen en la presente guía de crecimiento lo motivarán y lo harán capaz de poner en práctica en su matrimonio las promesas poderosas de Dios.

¿Nos permite alentarlo a que comparta con otros las promesas? Hable del libro con otra pareja o incluso con uno de los miembros de algún otro matrimonio. Comente el libro con amigos o amigas o en su grupo de terapia de parejas. ¡Y no olvide hacer partícipe a cualquiera de sus hijos que se haya casado!

Juntos nos hemos propuesto orar por usted. Queremos que conozca las promesas de Dios, y queremos que experimente la paz y el poder de Dios mientras, juntos, se enfrentan a cada día y a cada desafío armados con un arsenal de promesas poderosas que Dios ha dado a cada pareja.

En su amor y por su gracia,

Jim y Elizabeth

Toda promesa divina
se construye sobre cuatro pilares:

La santidad de Dios,
que no le permitirá engañar;
Su bondad,
que no le permitirá olvidar;
Su verdad,
que no le permitirá cambiar; y
Su poder,
lo hace capaz de cumplirla.

le ha hecho a usted

~

> *Ninguna palabra de todas*
> *sus promesas (…) ha faltado.*
> 1 REYES 8:56

Saludos… y bienvenidos a este libro emocionante, alentador y útil para toda pareja! ¿Cómo podemos hacer tal aseveración? Porque es un libro que intenta descubrir y poner en práctica la sabiduría y el poder de las promesas que Dios nos ha hecho para lidiar con los retos que las parejas enfrentan cada día.

Mientras comenzamos nuestra exploración de las *promesas poderosas para toda pareja* hechas por Dios, dediquemos algunos minutos a entender mejor las promesas de Dios.

La naturaleza de una promesa

¿Qué es una promesa? El diccionario define la palabra *promesa* como "una declaración, ya sea oral o escrita,

11

que asegura que uno hará o no hará algo". Es un voto o un compromiso.

Usted posiblemente haya tomado algunos votos o realizado compromisos a lo largo de su vida —a su cónyuge cuando intercambiaron los votos durante la boda— y juró amor eterno a su iglesia, como miembro de ella, al código ético de una compañía, a una rama del gobierno, a las fuerzas armadas o incluso a un amigo cercano. Por lo tanto, tiene cierta experiencia con las promesas, los votos y los compromisos.

La naturaleza de Dios

En el presente libro veremos las promesas de Dios… y el poder de Dios para ser constante y mantener sus promesas. Esto es importante, porque *el poder de una promesa depende de quien la hace.*

Y, queridos amigos lectores, ello significa que puede confiar en las promesas de Dios. ¿Por qué? Por la naturaleza y el carácter de Dios. Dios es descrito como el Dios que no miente (Tit. 1:2). Por consiguiente, puede estar confiado de que si hay una promesa en la Palabra de Dios que se aplica a usted, puede aceptar dicha promesa con toda seguridad. Dios hará su parte para cumplir la promesa. Esa es su naturaleza. ¡Y Dios no miente!

¡Relea la cita al comienzo del presente prólogo acerca de las promesas *poderosas* de Dios, y se dará cuenta de que el poder de las *promesas* de Dios yace en el poder de Dios *mismo*!

La naturaleza de las promesas que aparecen en la Biblia

He aquí algo más a tener en cuenta mientras lee: *Muchas de las promesas de Dios son limitadas a personas específicas o grupos de personas, pero muchas son ilimitadas y también se aplican a nuestra vida.*

Por ejemplo, el versículo al comienzo del presente capítulo, aunque fue dado a un *grupo específico de personas,* hoy se aplica *también a usted y a mí.* He aquí la historia que originó la promesa…

El rey Salomón, hijo de David, acababa de ofrecer a Dios una oración de dedicación por el recién terminado templo en Jerusalén. En dicha oración, Salomón narró ante Jehová todo lo que Dios había hecho en relación con su pueblo. Después de terminar su oración, Salomón se volvió e hizo esta aseveración: "Bendito sea Jehová, que ha dado paz a su pueblo Israel, conforme a todo lo que él había dicho; ninguna palabra de todas sus promesas (…) ha faltado" (1 R. 8:56).

Salomón recordó al pueblo de Israel que Dios siempre cumple sus promesas, y ello es un buen recordatorio para todos nosotros. Dios siempre cumplió sus promesas a Israel, y Dios, en su constancia, siempre cumplirá sus promesas a nosotros.

La naturaleza de las promesas de Dios a usted

Finalmente, note que *muchas de las promesas de Dios tienen condiciones.* Ello significa que Dios hará algo o dará algo, pero, en pago, nosotros también deberemos hacer algo o dar algo. Tome como ejemplo la siguiente promesa al pueblo de Israel:

Acontecerá que si oyeres atentamente la voz de Jehová tu Dios, para guardar y poner por obra todos sus mandamientos que yo te prescribo hoy, también Jehová tu Dios te exaltará sobre todas las naciones de la tierra (Dt. 28:1).

Es una gran promesa, ¿no es así? Dios prometió hacer de su pueblo la nación más grande de la tierra, pero fíjese a quién iba dirigida la promesa y la condición: *El pueblo de Israel* tenía que "obedecer a Jehová".

Al inicio...

mientras avance en la lectura del presente libro, tenga en mente los siguientes hechos:

- ∞ Dios es capaz de cumplir sus promesas.

- ∞ Dios siempre cumple sus promesas.

- ∞ Dios hizo promesas a personas específicas.

- ∞ Dios puso condiciones a algunas de sus promesas.

- ∞ Dios hizo algunas promesas incondicionales.

Preciosas y grandísimas promesas, para que por ellas llegaseis a ser participantes de la naturaleza divina (2 P. 1:4). Para ello se espera que usted haga su parte (¡por su gracia!), pero, por favor, recuerde que lo que se le pedirá no constituirá una carga. De hecho, Dios promete facilitarle los recursos para que usted cumpla su parte. ¡Vaya trato!

Poner en acción el poder de Dios... en su matrimonio

¡Y he aquí la diversión! Cada capítulo de *Promesas poderosas para toda pareja* terminará con una sección práctica igual a esta. Esa será su oportunidad —como individuo y esperamos, como pareja— de abrazar y reaccionar a la promesa específica que se escudriña bajo el microscopio. ¡Allá vamos! Al inicio…

✓ *¿Está usted dispuesto* a poner en acción en su vida las promesas de Dios? La Biblia nos ofrece muchas promesas poderosas (¡estimados arrojan la cifra de más de 30.000!³). Las promesas de Dios están ahí para tomarlas. Dios no ofrece lo que no puede darnos, así que puede estar seguro de la legitimidad de sus promesas. Cuando llegue la hora de poner en acción las promesas poderosas de Dios en su vida y su matrimonio, el problema nunca será con Dios. No, siempre será suyo y de su disposición para cumplir con su parte para poner en acción el poder y las promesas de Dios. ¿Está usted dispuesto?

✓ *¿Está usted dispuesto* a hacer lo que Dios le pida? Oremos por que lo esté, porque el poner en acción el poder de las promesas de Dios exigirá algo de usted. "¿Qué tendré que dar?", se pregunta usted. En una palabra: *obediencia*.

Y antes de que cualquiera de ustedes eche atrás sus manos en señal de derrota, trate de darse cuenta de que Dios no le exige perfección. No, Dios nos conoce bien y conoce nuestras debilidades. Él solo nos pide que progresemos; progreso que lo indicarán…

…la disposición para seguir a Dios aunque en ocasiones tropiece y caiga (Fil. 3:14),

…la disposición para pedir perdón cuando falte (1 Jn. 1:9), y

…la disposición para continuar en el combate (¡y es un combate!) de convertirse en un hombre o en una mujer con un corazón conforme al de Dios (Hch. 13:22).

La verdad es: las promesas son suyas. ¿Está usted dispuesto a ponerlas en acción en su vida, en su matrimonio? Si es así, continúe leyendo para descubrir las promesas poderosas de Dios… ¡para usted!

Para ella

Amada esposa: ¡Estoy contentísima por ti, al verte de pie a las puertas de algo que cambia tanto nuestras vidas como son las promesas poderosas de Dios para ti! ¡Solo Dios sabe cuáles cambios maravillosos te aguardan a ti y tu matrimonio al doblar de la esquina!

¡Pero sí quiero que comiences el presente libro pensando que los cambios no contemplarán a tu esposo! Si eres lo bastante afortunada como para que él se te una, ¡agradece a Dios —y agradece a tu querido esposo— de manera profusa!

Pero si tu amorcito escoge no leer junto a ti, ¡no pasa nada! Con o sin la participación de tu esposo, lee el libro siguiendo tres "reglas" para el buen comportamiento:

— ¡Se comprensiva, no exigente!

— ¡Se paciente, no un fastidio!

— ¡Ora, no esperes! ¡La oración hace que Dios se vuelva… y mueva el corazón y la vida de tu esposo!

Amado Dios: Con tu ayuda, planeo aprender más de ti y de tus promesas poderosas. Por favor, obra por medio de tu poder y por medio mío en mi hogar y mi vida.

[su firma y la fecha de hoy]

Para él

Dos veces te hice la pregunta: "¿Estás dispuesto...?" Bien, ¿estás preparado para la respuesta? Hela aquí: Como líder espiritual en tu matrimonio, ¡no tienes opción! *Tienes* que estar dispuesto a... ¡hacer lo que sea necesario para beneficiar tu relación con tu esposa!

Escoja tu esposa unírsete o no en tu luchar por poner en acción el poder de Dios sobre tu matrimonio, *tú*, como cabeza de familia, *¡tienes que hacerlo!* Tienes que buscar el poder y la fuerza de Dios para *ti mismo*, para que te haga capaz de cumplir con tu papel de esposo piadoso y líder.

Es cuestión de fe. ¿Crees en el poder de Dios para transformarte? ¿Crees en el poder de Dios para transformar tu matrimonio? Si es así (¡y oro por que así sea!), entonces ¿estás dispuesto a cumplir con tu parte y dedicarte a leer el presente libro?

(P.D.: No te preocupes por el tiempo que te llevará ¡escribí los capítulos cortos pensando en hombres como tú... y como yo!)

Amado Dios: Con tu ayuda, planeo aprender más de ti y de tus promesas poderosas. Por favor, obra por medio de tu poder y por medio mío en mi hogar y en mi vida.

[su firma y la fecha de hoy]

La oración es algo muy poderoso
porque Dios mismo se ha atado a ella.
Nadie puede creer cuán poderosa es la oración
ni lo que es capaz de hacer,
excepto aquellos que lo hayan aprendido por
experiencia propia.
—Martín Lutero

1
La promesa poderosa de Dios de…
oración respondida

~

Dónde vive usted? Nosotros vivimos en una casa situada en una colina. Ello significa que nuestra casa cuenta con varios pisos. Cada día, uno de nosotros escribe en un piso de la casa y el otro escribe en otro piso. Para comunicarnos de oficina a oficina mientras hacemos nuestros manuscritos, utilizamos transmisores-receptores portátiles.

Recientemente, cuando nuestros nietos se encontraban con nosotros, descubrieron los transmisores-receptores portátiles y por supuesto, quisieron hablar por ellos. Después de explicarles el funcionamiento, le dimos uno a Jacob y otro a Katie, que tienen cinco y cuatro años respectivamente.

Bueno, no pasó mucho tiempo hasta que los niños regresaron con los transmisores-receptores en las manos, llorando y quejándose porque los transmisores-receptores portátiles estaban rotos. Al ser demasiado jóvenes para comprender como enviar y recibir mensajes, Jacob y Katie estaban seguros de que el problema lo tenían los transmisores-receptores.

Descubrir la promesa

Amigo, posiblemente nos parezcamos muchísimo a nuestros nietos: ¡No entendemos cómo comunicarnos con Dios! Entonces, cuando pensamos que nuestras oraciones no han sido respondidas, tendemos a sentirnos desalentados y culpamos a Dios. Creemos que Dios es quien tiene el problema. Cuestionamos: "¿Por qué Dios no responde mis oraciones?" Pero mientras observamos la promesa de Dios de la oración respondida, verá que Dios siempre se hace patente. Escuche a Jesús mismo ofrecer la siguiente promesa:

> *Pedid, y se os dará;*
> *buscad, y hallaréis;*
> *llamad, y se os abrirá.*
> *Porque todo aquel que pide, recibe;*
> *y el que busca, halla;*
> *y al que llama, se le abrirá.*
> Mateo 7:7-8

¡Dios sí responde nuestras oraciones! De hecho, Él promete respondernos cuando oremos. Y, a veces, nos responde cuando ni siquiera sabemos como orar acerca de un determinado asunto. Cuando eso sucede, el Espíritu Santo toma cartas en el asunto e "intercede por nosotros" (Ro. 8:26). Sin embargo, usualmente sabemos cuáles son nuestras necesidades, como individuos y como parejas, y a quién o por qué debemos orar. Por ello, Dios nos pide que *pidamos*.

Mientras más avancemos en el entendimiento de la promesa poderosa de Dios de la oración respondida, recuerde que para poder disfrutar de la promesa nuestras solicitudes deben ser…

…con fe (Mt. 21:22),

…sin motivos egoístas (Stg. 4:3), y

…según la voluntad de Dios (1 Jn. 5:14-15).

Entender la promesa

Si nos detenemos a pensar acerca de la oración, orar y la oración respondida, salen a relucir dos antiguos hechos:

1. ¿Por qué nos cuesta tanto trabajo orar?

La respuesta a esta pregunta puede que esté en el hecho de que muchas personas tienen dificultades para pedir… ya sea instrucciones, cualquier tipo de ayuda y específicamente, ¡pedir ayuda a Dios mediante la oración! Nosotros, sencillamente, nunca pedimos. Por ello no nos percatamos de ninguna respuesta.

2. ¿Por qué no oramos más a menudo?

Bueno… ¡ahora sí dimos en el clavo! He aquí al menos nueve razones por las que no oramos más a menudo. Tómese la libertad de agregar más a la lista en la medida que lee.

Somos mundanos: Vivimos en el mundo, pero no somos del mundo (Jn. 17:16). No existe voz en el mundo que nos reprenda por no orar. La oración es un ejercicio espiritual, por eso debemos tomar la iniciativa para sentirnos inclinados hacia lo espiritual. Debemos pedir ayuda y bendición espiritual.

Estamos ocupados: Estamos tan ocupados, que creemos que estamos demasiado ocupados para dejar lo que estamos haciendo en pos de realizar algún trabajo de Dios. ¿Y qué pareja no está ocupada? Sin embargo, nunca estamos demasiado ocupados para jugar golf, para ir de compras o asistir al partido de fútbol de nuestro hijo. Nunca estamos demasiado ocupados para hacer lo que no resulta importante o significativo. Por ello, ¿dónde encaja la oración en nuestra agenda tan apretada? Para muchas parejas, ¡en ningún lado!

Nos falta fe: Por la razón que sea, dudamos que las cosas puedan tener un desenlace distinto a causa de oraciones concienzudas y llenas de fe de parte nuestra. ¡Pero si tuviéramos confianza y creyéramos que Dios da respuesta a la oración, no pudiéramos esperar a estar ante su presencia para hacerle saber nuestras necesidades y peticiones! ¡Estuviéramos pidiendo… y estuviéramos disfrutando… las respuestas de Dios! Tal vez la valoración de Santiago sea cierta en lo que respecta a su fracaso a la hora de disfrutar de las respuestas a sus oraciones: "no tenéis lo que deseáis, porque *no pedís*" (Stg. 4:2).

Estamos distantes: Nos sentimos distantes de Dios porque no hablamos con Él, por eso nos sentimos como extraños cerca de Él. Dios no ha cambiado, no se ha movido, no ha desaparecido ni perdió interés en usted. Llene el vacío: dé el sencillo paso de hablar con Dios. Mientras más converse, más se comunicará; y mientras más se comunique, más oportunidad tendrá para pedirle; y mientras más pida, más respuestas recibirá.

Somos ignorantes: No entendemos el poder y la bondad de Dios. No captamos su deseo ni su capacidad para proveer "mucho más abundantemente de lo pedimos o entendemos" (Ef. 3:20) y para suplir "todo lo que os falta" (Fil. 4:19). Si lo comprendiéramos, oráramos.

Somos pecadores: Permitimos que el pecado levante una barrera entre nosotros y un Dios que nos cuida. ¿Qué dijeron los salmistas? "Si en mi corazón hubiese yo mirado a la iniquidad, el Señor no me habría escuchado" (Sal. 66:18). ¡Pero cuando confesamos nuestro pecado, los oídos de Jehová se abren a nuestro clamor (Sal. 34:15) y las probabilidades de que nuestras oraciones sean respondidas se ponen por los cielos!

Somos orgullosos: Nosotros, en esencia, decimos a Dios: "Yo no te necesito, Dios. Yo puedo cuidar de mí mismo". Reflexione acerca de esto: "Los autosuficientes no oran, los ufanos no oran, los farisaicos no pueden orar".[4]

Somos inexpertos: No oramos; por consiguiente, no sabemos cómo orar… ¡así que no oramos! La oración es como una habilidad; se vuelve más sencilla por medio de la repetición. Mientras más oremos, más sabremos acerca de cómo orar. Y mientras más oremos, más respuestas a nuestras oraciones experimentaremos.

Somos holgazanes: Tal vez esta sea la excusa más triste de todas. Sencillamente no estamos dispuestos a hacer un esfuerzo y orar, sin prestar atención a la importancia que tiene… lo que, claro, afecta las probabilidades de que nuestras oraciones sean respondidas. *¡Señor, que nunca lleguemos a eso en nuestra vida espiritual!*

Poner en acción el poder de Dios... en su matrimonio

Ahora bien, ¿cómo experimentar las respuestas a sus oraciones y preocupaciones? ¿Y cómo experimentar el gozo del poder de Dios en su matrimonio y vida hogareña? ¿Cómo desarrollar una mejor vida de oración? ¿Cómo darse cuenta y deleitarse con la promesa poderosa de Dios de responder a sus oraciones?

✓ *Dele una ojeada sincera* a los pretextos a que echa mano para no orar. Puede comenzar por las nueve razones por las que no oramos. Identifique las que se destacan de manera más obvia en su vida. Pídale a Dios entonces que le ayude a sobreponerse a dicha excusa para poder convertirse en un mejor orador. Imagine cuán dulces sabrán las respuestas a sus oraciones cuando logre vencer dicho obstáculo.

✓ *Comience a llevar una lista o una libreta de oraciones.* Utilice una sección de su agenda como el comienzo de una lista de personas y cosas por la que tienen que orar. Como cualquier persona de negocios, sea organizado en sus negocios con Dios. ¡Después, igual que los contadores, esté preparado para llevar constancia de las respuestas en la medida en que llegan! Por supuesto, usted querrá tener su propia lista o libreta. Pero debe también considerar el tener una lista para aquellas cuestiones por las que, como pareja, desee orar.

✓ *Memorice una de las promesas de Dios* de oración respondida. Comience por las promesas que se destacan en el presente capítulo. Puede que le sirva de ayuda recordar la versión abreviada de las promesas… P-B-L

> Pedid… y se os dará
> Buscad… y hallaréis
> Llamad… y se os abrirá

✓ *Hable con Dios* a lo largo de su día: en el auto, en la ducha, cuando trote o cuando vaya al mercado. Acérquese a Dios.

✓ *Trácese una meta inicial* de orar cinco minutos al día, o cinco minutos más, si es que ya ora con regularidad. Si aún no oran como pareja, háganlo durante cinco minutos al día, en caso que su cónyuge acceda. Es lógico que mientras más tiempo dediquen a la oración, más tiempo tendrán para que sus peticiones lleguen a oídos de Dios (Fil. 4:6)… y más respuestas a sus oraciones recibirán.

Para ella

¿Sueñas con ser miembro de una pareja que ora? Suena maravilloso, ¿no es cierto?

Pero seamos realistas, ¡esto no siempre sucede! En la sección "Para ella", al final del capítulo pasado, te alenté a "ser comprensiva…, ser paciente… y a orar…". Todos los esposos son distintos, las presiones de cada esposo son diferentes y cada relación entre esposo y esposa es diferente.

Si tú y tu esposo se encuentran leyendo juntos este libro, no dejen de analizar la posibilidad de orar juntos. Si ambos acceden a intentarlo o a reinstituir las oraciones en pareja, confórmese con un comienzo lento. Ambos pueden empezar por medio de una oración cuando den "gracias" a la hora de la cena o cuando se den el abrazo de despedida en la mañana.

Sinceramente, mi hora preferida para que Jim y yo oremos juntos, es cuando nos vamos a la cama en las noches: apagamos las luces, nos tomamos de las manos y oramos brevemente por personas, amigos, parientes y aquellos que nos han pedido que oremos por ellos.

Pero sea cual fuere el resultado de tu análisis, o si tu esposo no está interesado, ¡asegúrate de ser *tú* una esposa que ora! ¿Quién sabe la manera en que Dios responderá tus oraciones?

Para él

Cuando yo era pastor asociado, una pareja vino a mi oficina en busca de terapia matrimonial. Después de establecer con exactitud los motivos de preocupación en su matrimonio que exigían atención, le pedí al esposo que confiara los deseos de la pareja al Señor. Cuando el hombre terminó de orar, levanté la vista y descubrí que la esposa estaba llorando. ¡Me explicó, entre lágrimas, que aquella había sido la primera vez en diez años de matrimonio que ambos oraban juntos como pareja!

Esposo, no pierdas esta oportunidad para fortalecer tu matrimonio. Propónganse, y hagan de ello una práctica, ir ante el Señor y orar juntos como pareja. No tiene que ser algo exquisito, formal o tomarle más de unos pocos minutos. Háganlo de manera tan sencilla, descuidada y natural como puedan. Les garantizo a ambos que se sentirán bendecidos y lograrán maravillas en su matrimonio. Después de todo, como dice el dicho: "La pareja que junta ora, junta se *queda*". Orar juntos es una experiencia espiritual que se comparte. Es un lazo fuerte que une a dos corazones y dos almas. Imagine el gozo mutuo que experimentarán al presenciar las respuestas de Dios a sus oraciones… ¡juntos!

Alguien dijo una vez:"No temo a envejecer.
Temo envejecer y ser igual a como soy ahora".
La cristiandad sería un viaje sin sentido
si no lográramos ninguna mejora
en nuestro andar con el Señor,
en nuestro amor por los demás,
en nuestro conocimiento de Dios.
—AUTOR DESCONOCIDO

2

La promesa poderosa de Dios de…
cambio

~

Jim es un antiguo miembro del campo de la medicina, lo que quiere decir que aún lee revistas médicas y guarda los artículos que le llaman la atención. Uno de dichos artículos fue una crónica acerca de un estudio realizado en varios miles de hombres y mujeres que había logrado vivir más allá de su esperanza de vida. Muchas de las personas objeto del estudio estaban bien entrados en los noventa y algunos tenían más de cien años. Al evaluar el secreto de la longevidad, los investigadores analizaron la personalidad, los hábitos dietéticos, el ejercicio físico y el abuso de sustancias tales como el alcohol y el tabaco.

Mientras leía, Jim (justo como hubiera hecho usted también) asumió de inmediato que el factor de longevidad debía ser atribuido a lo que aquellas personas comían o bebían. Supuso: "¡Deben haberse alimentado con queso de soja y algas marinas y haber bebido galones de agua purificada de algún arroyo custodiado en alguna montaña!"

Pero se llevó la sorpresa más grande de todas las sorpresas, el resumen de los investigadores arrojó que el denominador común no se encontraba en lo que dichas personas consumían o dejaban de consumir. No, la mayoría de dichos ciudadanos tan, tan longevos, había restringido su actividad física.

¿Sabe usted cuál era la fibra que corría en común por las vidas de todos aquellos "sobrevivientes"? En una palabra: *adaptabilidad*. Dichas personas vivían más tiempo, al parecer, porque tenían habilidad para cambiar; cambiar de acuerdo con las temporadas de sus vidas, cambiar con las muertes de sus cónyuges, cambiar junto con sus entornos. De más está decir que el artículo nos dio, como pareja, una mejor panorámica de nuestras vidas y de nuestra capacidad para adaptarnos a los cambios.

Descubrir la promesa

¿Cómo se evalúa usted en el área de "Cambio"? El cambio es como el clima en nuestro estado natal: Oklahoma. Nosotros, los de Oklahoma, tenemos un dicho: "Si no te gusta como está el clima ahora, ¡espera unos minutos!" El cambio, al igual que el clima de Oklahoma, no se puede evitar ni predecir. Nos guste o no, formamos parte de un mundo cambiante: los empleos vienen y van, el tamaño de la familia sigue aumentando… o contrayéndose, las relaciones y la salud son inciertas. La vida tiene sus temporadas de cambio y ustedes, como pareja, han de adaptarse a cada una de ellas.

Pero a pesar de la constancia de los cambios y de nuestra necesidad de adaptarnos a ellos de una forma u otra, todos le tienen aversión al cambio, en especial cuando las cosas parecen ir bien. "¿Para qué quiero yo cambiar?", se preguntará usted. "¡Nuestro matrimonio va de maravillas! En casa todo va bien, estamos saludables, el trabajo que tenemos es seguro" (…¡o al memos eso es lo que piensa!)

Entonces, un día, se despierta y se encuentra con que se ha convertido en algo obsoleto en el mercado y que ya no hay razón para que usted continúe trabajando para la compañía. ¡O un conflicto entre usted y su cónyuge pone al descubierto las fallas de su matrimonio! En muchos casos, situaciones como estas se dan porque usted no se desarrolló profesionalmente o no se adaptó, matrimonialmente hablando, a los cambios que la vida impone.

Los cambios no se limitan al terreno físico, marital o vocacional. De hecho, los cambios son más críticos cuando ocurren en el terreno espiritual que en cualquier otro. ¿Por qué? Porque servimos a Dios, cuya especialidad es el cambio y la transformación.

Desde la caída de Adán y Eva del Huerto del Edén, Dios ha deseado el regreso de su pérdida y la creación de una raza de personas espiritualmente redimidas: un pueblo que lo amara y lo obedeciera. El plan de Dios para lograrlo llegó a su clímax con su encarnación en Jesucristo. Es debido a la vida, la muerte y la resurrección de Cristo, que la salvación es posible. ¡Cuando nos relacionamos con Cristo, Dios nos promete —*promesas de*— llevar a cabo un cambio radical en nuestra vida! ¿Cuán radical? Dios se ha comprometido a otorgarnos no menos que un nuevo orden de creación. Así dice su promesa poderosa:

> *Si alguno está en Cristo, nueva criatura es;*
> *las cosas viejas pasaron;*
> *he aquí todas son hechas nuevas.*
>
> 2 CORINTIOS 5:17

Entender la promesa

A Dios no le interesa preservar el estatus quo. En el Antiguo Testamento, Él prometió dar a su pueblo un "corazón nuevo" y poner dentro de ellos un "Espíritu nuevo", quitar de su carne "el corazón de piedra" y reemplazarlo con "un corazón de carne" (Ez. 36:26). Mientras analizamos las Escrituras, vemos que en dicho nuevo orden espiritual el cambio es un elemento esencial. ¿Cómo es ese proceso de cambio?

1. El punto de partida para el cambio es la transformación espiritual

La promesa de Dios para el cambio establece, que cuando estamos *en Cristo*, venimos ha hacer *nuevas criaturas*. Dios nos da "un corazón nuevo". No somos re-formados, re-habilitados ni re-programados. En su lugar, somos re-creados. Experimentamos el "nuevo nacimiento" (Jn. 3:3). Ahora vivimos en unión vital con Cristo (Col. 2:6), dominados por un nuevo Amo que trae consigo más cambios.

¡Qué excelente noticia! ¡Cuándo se está *en Cristo*, todo cambia! Las condiciones y las circunstancias exteriores podrán ser las mismas, pero ahora brillan con belleza y vida renovadas. Lo que significa que…

2. Los cambios interiores se muestran en el exterior

"El árbol por su fruto se conoce" es un antiguo proverbio que tiene su origen en la Biblia (vea Mt. 7:17-20). Lo mismo es cierto con respecto a su vida y los "frutos" que produce. Si usted se transforma interiormente, entonces el cambio ocasiona algunos grandes cambios en el exterior, *¡borrón y cuenta nueva!* Los deseos terrenales de su antigua vida se desvanecieron instantáneamente o desparecieron.

Asombrosamente, comenzará a desear las cosas de Dios. Bueno, *¡he ahí un* cambio!

Esos nuevos deseos interiores relacionados con Dios se arraigan cada vez más y se expresan a lo largo de su vida —y su matrimonio— para llevar a cabo el cambio, para hacerlo conforme a la "imagen" de su Salvador, Jesucristo (2 Co. 3:18). Cuando se tiene a Cristo en uno, Él brilla en su vida. ¡Imagine cuán diferente será su matrimonio!

3. *Los cambios no siempre ocurren con rapidez*

Algunos viejos deseos se abandonan rápidamente. Con frecuencia resultan ser *acciones* pecaminosas. La persona deja de mentir, depura su lenguaje, deja a un lado hábitos dañinos y aunque le parezca asombroso, ¡su lugar lo ocupan ahora *nuevas cosas!* Ellas forman parte del constante proceso de cambio que tiene lugar, y continuarán en el futuro.

¡Pero algunas manías son difíciles de erradicar! Ellas forman parte del persistente *comportamiento* anterior que no se cambia con facilidad; comportamiento que incluye la ira, la avaricia, el orgullo, el egoísmo, la lujuria y los celos, por solo mencionar algunos ejemplos.

Amado lector, agradezca a Dios por los rápidos cambios que ocurren en sus acciones externas. Pero guárdese de ser impaciente y de las ganas de rendirse, porque los cambios parecen ser mucho más lentos en lo que a dominar su antiguo comportamiento se refiere. Es entonces cuando usted debe recordar que su travesía rumbo a un remozamiento espiritual es un proceso que dura toda la vida. Los cambios y las victorias vendrán, pero algunas manías y antiguos comportamientos son difíciles de erradicar. Así que, por favor, sea paciente... ¡y sean pacientes el uno con el otro!

Nuevamente agradezca a Dios por el progreso alcanzado. Después pídale fuerzas para continuar con el proceso porque...

4. *El cambio es un proceso constante*

El cambio puede ser tanto bueno como malo. Cuando los cambios ocurren, puede que usted crezca en fe y conocimiento... o puede que tenga una recaída hacia su antiguo comportamiento, sus viejas manías, sus antiguas acciones y su vieja forma de ser. ¡Usted, sencillamente, no puede bajar la guardia! *Hoy* es un nuevo día con nuevos retos para usted como individuo y como pareja. Debe pedir a Dios, *hoy*, que con su poder continúe formándolo a imagen de su Hijo.

Entonces, *mañana*, deberá levantarse (nuevamente) y pedirle a Dios (nuevamente) que le de fuerzas (nuevamente) para un nuevo día de cambios. Haga lo que sea que tenga que hacer para que sus viejas manías no se deslicen rumbo a su nueva vida y lo arrastren a su antigua vida pecaminosa. La lucha por el cambio no cesa y no neguemos la realidad, continuará hasta el momento en que nos encontremos cara a cara con nuestro Salvador.

Poner en acción el poder de Dios... en su matrimonio

Cuán maravilloso es darse cuenta de que como hombre cristiano o mujer cristiana, usted es una persona completamente nueva —una nueva criatura— en Jesucristo. Borrón y cuenta nueva. El Espíritu Santo se encuentra ahora en su corazón, su alma, su cuerpo —¡y su matrimonio!—

con una nueva vida y ya nada es igual. ¿Qué hará entonces con respecto a este cambio interno, a esta milagrosa transformación?

Formúlese las siguientes preguntas, le ayudarán a cumplir con su parte en el plan de Dios para que usted pueda ser un espejo "que refleja la grandeza del Señor, quien cambia nuestra vida. Gracias a la acción de su Espíritu en nosotros, cada vez nos parecemos más a él" (2 Co. 3:18, bls).

✓ *Pregúntese:* ¿Cómo ha cambiado mi vida desde que acepté a Cristo? Y no se detenga, pregúntese: ¿Cómo ha cambiado mi matrimonio desde que me convertí a Cristo? Anote tres grandes cambios positivos que hayan tenido lugar desde que usted se convirtió en una nueva creación (2 Co. 5:17). Agradezca a Dios.

✓ *Pregúntese:* ¿Qué otros cambios quiere Dios que yo realice en mi vida que reflejarán mucho mejor que yo soy su hijo? Mencione al menos dos. Pida entonces ayuda a Dios ara lograr llevar a cabo dichos cambios.

✓ *Pregunte:* A su cónyuge, a un amigo de confianza o a un mentor que cuáles cambios ha observado en su conducta y su carácter. Después, si es usted verdaderamente valiente, pregunte si hay algo más en lo que necesita cambiar. Exprese su agradecimiento a dicha persona de confianza... y pídale ayuda a Dios.

Para ella

Recuerdo que, como esposa, me aprendí esta lección de memoria… con el objetivo de "cambiar" en algunas áreas en que verdaderamente lo necesitaban. En esencia, realicé los ejercicios que le sugerimos en "Poner en acción el poder de Dios… en su matrimonio".

Como resultado, descubrí cerca de cinco comportamientos que necesitaba cambiar, o mejor aun, ¡que necesitaba erradicar por completo! Comportamientos tales como reaccionar de manera negativa ante las ideas o el liderazgo de mi esposo, sin antes pensar, y alzando la voz cuando quería comunicarle algo a Jim. (Bueno… imagínate la escena, que es bastante desagradable.)

¡Después vino la oración! Anoté los hábitos negativos en una página especial de mi libreta llamada "Metas". Y luego, por supuesto, traté de no dejar de orar *todos los días* acerca de ellos, recordándome así *todos los días* a mí misma andar en puntita de pies durante *todo el día* y a pedir ayuda a Dios todos los días para dejarle a Él las "cosas viejas" y reemplazarlas por "cosas nuevas": Comportamientos y hábitos nuevos que reflejaran mi nueva vida en Cristo. Quería vestirme "del nuevo hombre, creado según Dios en la justicia y santidad de la verdad" (Ef. 4:24).

Amada, ¡hazlo! Te alegrarás de haberlo hecho, al igual que tu esposo. Y Dios se sentirá honrado. ¡Así es el cambio de Dios!

Para él

¿Alguna vez has pensado: *"Si pudiera hacer que mi esposa cambiara en este aspecto o en este otro, nuestro matrimonio sería mucho mejor"*? Bien, si tales son tus pensamientos, en vez de esperar a que tu esposa cambie, prueba a cambiar algunas cosas de tu propia vida. (Y no me digas que no hay nada que cambiar, ¡todos podemos mejorar!)

Yo hice mi propia lista, que es más o menos así: Debo ayudar más. Debo hacerme cargo de algunas de las tareas del hogar que requieren más esfuerzo físico. Tengo que hacer un esfuerzo por ser más alegre y entusiasta cuando llegue a casa del trabajo. Bueno… tú sabes.

Después de hacer tu propia lista, con ayuda de Dios, empieza a cambiar. (Y trata de no sorprenderte demasiado cuando tu esposa entre en estado de choque… ¡y comience a cambiar también!)

¡Caramba! Acabo de pensar que tal vez tú seas uno de esos esposos que está perfectamente satisfecho con su matrimonio tal como es. Todo parece andar bien. En otras palabras, estás satisfecho con el estatus quo. Bueno, no te conformes con el estatus quo. ¡Dios no se conforma! Todo matrimonio necesita crecimiento y ajustes constantes. Pídele a Dios que te muestre las áreas en las que necesitas cambiar.

¡Qué Dios tan misericordioso tenemos!
Es capaz de contar las miríadas de estrellas que
tachonan el cielo,
Él se digna a sanar a los "quebrantados de
corazón" y
a vendarles "las heridas".
En su majestad, hay misericordia.
¡Soberano, como es Él,
siempre simpatiza![5]

3
La promesa poderosa de Dios de...
consuelo

~

Cuando usted o su cónyuge tomó en sus manos por primera vez este libro acerca de las promesas poderosas de Dios, posiblemente haya mirado primero el índice. Sus ojos inmediatamente captaron un número de promesas con rasgos muy deseados, tales como fuerza, poder, sabiduría, coraje y victoria. Ello sucede porque dichas aseveraciones se ajustan grandemente a las necesidades de su vida diaria, a su matrimonio y a su trabajo. Las promesas de las cualidades de valor, del tipo motivación a la que un soldado se aferra durante el combate. Y aunque usted no se percate, es un soldado, un soldado de Jesucristo. Las promesas de dichas cualidades resultan adecuadas a usted, para su propia guerra en su propio frente de batalla, tanto en la casa como en el trabajo.

Pero el quedar atrapado en medio de las promesas poderosas que se plantean en el presente libro es una de las promesas de Dios que tiene un carácter más suave, más tierno. Cuando las personas piensan en el consuelo, con frecuencia piensan de inmediato en el miembro femenino del matrimonio. Una esposa que con amor alimente a su esposo, sus hijos, sus amigos, ¡esa es su naturaleza! Y a través de los años de dolores y sufrimientos, allí está ella, para consolarnos a todos.

Descubrir la promesa

¿Tenemos razón en atribuirle el consuelo solo a la parte femenina de la especie humana? ¿Es la esposa la única en el matrimonio que siente y muestra compasión y ofrece consuelo? ¿Es que la hombría de los hombres es reacia a la idea de que él también debe tener un lado compasivo?

Bien, si decide convertirse en una persona cuyas acciones y actitud sean más a imagen de Dios y de Cristo, eche entonces una ojeada a la siguiente aseveración de Dios. En ella, descubrimos una promesa poderosa que es íntima, tierna y reconfortante. Es una imagen de Dios, el Padre que consuela a los suyos.

> *Bendito sea el Dios y Padre*
> *de nuestro Señor Jesucristo,*
> *Padre de misericordias y Dios de toda*
> *consolación;*
> *el cual nos consuela en todas nuestras*
> *tribulaciones.*
> 2 Corintios 1:3-4

Entender la promesa

Para muchos cristianos, esta promesa es el pasaje de consuelo más convincente que se haya encontrado en el Nuevo Testamento. El apóstol Pablo habla repetidamente acerca del concepto de consuelo (2 Co. 1:1-7). Él habla específicamente de la promesa de consuelo de Dios para todos sus hijos que experimentan sufrimientos y penurias.

1. El consuelo de Dios es parte de su naturaleza

Al observador casual de la verdad bíblica le pudiera parecer que Dios es vengativo, una deidad que siente placer en castigar a su creación, pero si examinamos la promesa de Dios de consuelo, vemos exactamente lo contrario: se hace referencia a dicho Dios como *el* "Padre de misericordias". Es parte de su naturaleza. Las Escrituras describen a Dios como un padre que siente "compasión" por sus hijos y cuya "misericordia... es desde la eternidad y hasta la eternidad" (Sal. 103:13, 17). Por ello, podemos ver que la compasión es una parte constante y significativa de la naturaleza de Dios. Compasión es el amor de Dios, que se extiende hasta los pecadores y hasta sus hijos sufridos, y que se preocupa por ellos y los transforma.

2. El consuelo de Dios es lo que nos habilita

He aquí un hecho para anteponer a todos sus sufrimientos: Mientras más se sufre, más consuelo se recibe de Dios. Pablo lo dijo de la siguiente manera: Dios "nos consuela en medio de toda nuestra aflicción", dándonos su fuerza, aliento y esperanza para soportar las pruebas. ¡Esta es una promesa poderosa con la que puede contar en medio de toda su aflicción!

Pablo también agregó que Dios es "el Dios de toda consolación". Él siempre se encuentra presto a consolarlo.

Sea cual sea su dificultad —grande o pequeña— no importa, porque el Dios de *toda* consolación está dispuesto a ayudarlo. ¿Se siente sufrido física o emocionalmente? ¿No le va bien en el trabajo, en la casa? ¿Está luchando contra alguna tentación en algún campo en el que necesite ayuda? ¿Necesita aliento? Con respecto a todo ello y más, créalo: ¡Dios está ahí para ayudarlo y consolarlo! El Dios todopoderoso que lo trasciende todo, también gusta de extender su mano y sanar a los quebrantados de corazón y vendarle sus heridas (Sal. 147:3). ¡Su cumplimiento es una promesa!

3. *El consuelo de Dios es nuestro maestro*

A una experiencia dolorosa se le agrega una bonificación: Su sufrimiento y el consuelo de Dios se convierten en su maestro. Así que, mientras más usted sufra, más consuelo le dará Dios y más consuelo tendrá para transmitírselo a aquellos que sufren… ¡comenzando por casa!

Amigo, a lo que Pablo se refirió al escribir acerca de la naturaleza recíproca del consuelo de Dios fue a lo siguiente: Dios "nos consuela en todas nuestras tribulaciones, *para* que podamos también nosotros consolar a los que están en cualquier tribulación, por medio de la consolación con que nosotros somos consolados por Dios" (2 Co. 1:4).

¿Qué debemos hacer entonces con el consuelo que Dios nos da? ¡Disfrutarlo, por supuesto! ¡No lo dude, deje que nos enseñe! Pero sea fiel y transmítalo a aquellos que sufren, comenzando por casa. Cada prueba que usted y yo sobrepasemos, por medio de la gracia de Dios, nos ayuda a consolar a otros (y el uno al otro en el matrimonio) cuando tienen dificultades. El consuelo bendecido por Dios no está destinado solo a levantarnos el ánimo, sino también a levantarles el ánimo a *otros*.

Poner en acción el poder de Dios… en su matrimonio

¡Dios es verdaderamente el Dios de toda consolación! Él ministra en los sufridos y en los de corazón quebrantado en al menos dos formas: por medio de su Espíritu y por medio de sus palabras de consolación, que aparecen en la Biblia. Pero en otras ocasiones Dios los utiliza a ustedes, tanto individualmente como en pareja, para administrar consuelo.

¡Todos sabemos que en estos momentos no es sencillo ser fuerte en el área de consolación! Pero tenemos que aceptar el hecho de que Dios a veces quiere usarnos como instrumentos de consolación en la vida de otra persona. De hecho, ello se cumple en nuestros matrimonios y familias. Aunque también podría ser cierto en el caso de un amigo cercano, un vecino, alguien de la iglesia o, incluso, un compañero de trabajo.

Quienquiera que sea el que Dios le cruce en el camino, tómelo como un halago. Aprenda a compartir el consuelo que usted recibió de Dios. No huya de tan importante ministerio a otros. En vez de eso…

✓ *Desarrolle* un corazón de compasión (Col. 3:12). Jesús es nuestro ejemplo perfecto. Él mostró compasión constantemente mientras caminó en esta tierra, dando consuelo a todos. Convierta al Maestro en su modelo.

✓ *Busque* oportunidades para mostrar compasión y consuelo. ¡Y otra vez comience por casa! A veces se consuela a una persona al hacerle compañía. Tal vez lo único que haga falta sea una palmada en la espalda, un abrazo o sencillamente estar disponible en caso de que la otra persona quiera hablar. Las palabras no son el único medio para consolar.

✓ *No* dé sermones. Recuerde que la otra persona está sufriendo, angustiada o triste. Puede que ese no sea el momento para decirle de qué manera tiene que actuar o reaccionar si está pasando por una situación difícil.

✓ *No* acuse ni critique. Probablemente ese no sea el mejor momento para decir a alguien qué debió o no debió haber hecho. Habrá otras oportunidades para que esa persona lo escuche a usted y a otros. Por ahora, solo esté presente para quién está sufriendo.

✓ *Recuerde* alguna vez en que usted haya sufrido y cómo se sintió. Establezca empatía al recordar lo que Dios hizo para darle coraje. Recuerde también cómo Dios pudo haber usado a su cónyuge para llevar a usted el consuelo que tanto necesitaba. Use su experiencia pasada para dejar que los que hoy sufren sepan que usted también se ha enfrentado al dolor. Cuente cómo se sintió alentado y cómo fue después capaz de sobreponerse a las heridas y al desaliento. La voz de Matthew Henry se alza desde el pasado para recordarnos que "cuando mejor hablamos de Dios y su bondad es cuando hablamos por experiencia propia".[6]

✓ *Lea* la siguiente lista a menudo, cuando necesite consuelo:

Las dificultades pueden…

  arraigar más su fe,

enseñar paciencia,
desarrollar la madurez,
contribuir a su sabiduría,
obligarlo a orar y
recordarle qué cosas son realmente importantes.

Los tiempos difíciles exigen…
una mente fuerte,
un gran corazón,
una verdadera fe y
manos prestas.[7]

Para ella

Consuelo, ¡ahora me refiero a nuestra especialidad! Y al igual a todas las demás cualidades que Dios nos dio, como mujer casada, asegúrate de ministrar consuelo a aquellos que más quieres y aquellos que viven bajo tu mismo techo.

Yo tengo dos refranes que me guían en este aspecto: "Como eres en el hogar es como eres" y "No des a otros lo que no has dado primero en el hogar". ¿Quién ocupa el primer puesto tanto en tu casa como en tu corazón? ¡Cierto! ¡Tu amor, tu querido esposo! Ora cada día para que seas su consuelo.

Pero la otra cara del consuelo es el siguiente: Si tu esposo se ausenta durante mucho tiempo (¡mi hija, esposa de un marinero, se pasa 90 días seguidos sin su esposo!), siéntete alentada. Date cuenta de que Dios es tu consolador y que su consuelo está disponible y llega hasta ti en cualquier momento, de día o de noche.

Y si en la balanza del consuelo tu esposo no es de mucho peso, recuerda lo que nos propusimos desde el mismo comienzo: "¡Todo está bien! Sé comprensiva… sé paciente… ¡y ora!" Mientras tanto, tendrás todo el consuelo que necesites, te llegará directo desde el corazón de tu Padre celestial al tuyo. Tendrás todo el consuelo que Dios te da para regalarle a tu esposo y cualquiera que lo necesite.

Para él

Si le preguntara a tu esposa cuándo fue la última vez que la consolaste, ¿qué me respondería? Si eres como tantos esposos (¡me incluyo!), entonces hace bastante tiempo. Nosotros los hombres nos acostumbramos en gran medida a recibir consuelo, especialmente de nuestras esposas. Ellas siempre están ahí, justo cuando las necesitamos. Cuando nos encontremos abatidos, o las cosas no estén yendo bien en la oficina, allí están ellas, ángeles de la misericordia y el consuelo, les parece natural.

Pero a todos los creyentes se les exhorta lo siguiente: "vestíos… de entrañable misericordia" (Col. 3:12), y ello nos incluye a ti y a mí. Nosotros —¡sí, nosotros los hombres!— debemos "vestirnos" de "sensibilidad genuina y sincera compasión por las necesidades de los demás".[8]

¿Cómo puedes hacer para desarrollar un área tan vital en tu andar de cristiano? ¿Cómo puedes dar más consuelo a tu esposa?

Primero, recuerda que Dios ya demostró su compasión hacia ti. Luego, reconoce que el "Consolador", el Espíritu Santo, habita en ti. Deja que su poderosa misericordia fluya desde dentro de ti y hacia las vidas de los demás, comenzando por tu dulce esposa. Finalmente, recuerda que Dios nos consuela para que existan más consoladores. Que tú, mi hermano, seas conocido como un "consolador de almas".

Y a aquel
que es poderoso para guardaros sin caída,
y presentaros sin mancha delante de su gloria
con gran alegría,
al único y sabio Dios,
nuestro Salvador,
sea gloria y majestad, imperio y potencia,
ahora y por todos los siglos.
Amén
Judas 24-25

4

La promesa poderosa de Dios de…
consumación

~

¿Es usted una de esas personas que gustan de comenzar proyectos, prácticas y ministerios? Como pareja, nosotros hemos encajado en dicha descripción por los últimos 35 años de matrimonio. Y nos produce gran alegría ver hasta donde han llegado, y dónde llegarán, muchas de nuestras empresas.

Pero he aquí una confesión: también tenemos la tendencia a no culminar algunos de nuestros proyectos (¡y tenemos todo un almacén para demostrarlo!) Comenzar una nueva empresa es emocionante, en especial cuando se es visionario y se tienen muchas ideas. Pero en la medida en que llevamos a cabo dicha empresa, nos es muy fácil resultar distraídos por algún sueño nuevo… ¡y entonces, antes de darnos cuenta, despegamos y corremos tras la nueva fuente de inspiración!

Es entonces cuando nos damos cuenta de cuán afortunados somos de contar con otras almas que vienen en nuestra ayuda para que podamos terminar lo que una vez comenzamos. En el primer lugar de la lista de agradecimientos a Dios figuran los nombres de muchos amigos maravillosos y de consumadores dedicados. Pero más que a nadie, nosotros (y ustedes) debemos agradecer a Dios, porque cuando está en juego nuestro destino eterno, ¡*Él* es las dos cosas: de los que comienzan las empresas y de los que las concluyen!

Descubrir la promesa

¿Alguna vez siente que usted (o su cónyuge) no progresa mucho en la vida espiritual? ¿Qué adelanta dos pasos en su crecimiento... solo para retroceder uno (o tal vez dos)? ¿Se siente desalentado por las deficiencias y el lento crecimiento de cualquiera de ustedes dos? ¿Se siente incompleto?

¡Bueno, anímese, mi amado amigo! Cuando Dios comienza un proyecto (¡que es usted!), Él lo termina. Dios prometió que Él ayudaría a cada uno de los que abrazáramos a su Hijo como nuestro Salvador para crecer en su gracia hasta que Él complete —¡sí, *complete*!— su obra en nuestra vida.

De eso se trata la presente promesa. Cuando el apóstol Pablo escribió la carta a los creyentes de la iglesia filipense, expresó su emoción porque había llegado a sus oídos que los corazones de sus queridos amigos estaban madurando en la fe cristiana. Y Pablo escribió a sus compañeros de fe, les contó acerca de la confidencia de que Dios sería fiel y continuaría con el proceso de crecimiento espiritual en sus vidas.

Y, mi amigo, Dios continuará con dicho proceso hasta que esté consumado dentro de usted también. ¡Es una promesa! Léala usted mismo. Lea las poderosas palabras de aliento y consuelo que confió a sus amigos... ¡y a usted!

> *Estando persuadido de esto,*
> *que el que comenzó en vosotros*
> *la buena obra,*
> *la perfeccionará hasta el día de Jesucristo.*
> FILIPENSES 1:6

Entender la promesa

Piense en esto: Su vida física comenzó con su nacimiento. Esto también es cierto con respecto de su vida espiritual, también esa comenzó con un nacimiento —el "nuevo nacimiento" de salvación (Jn. 3:7)— que continuará hasta que usted se encuentre con su Señor cara a cara (1 Jn. 3:2). Al contarnos acerca de la promesa de consumación, Pablo quiso tranquilizar a sus lectores y también a nosotros hoy día, dijo que no importa lo que suceda a lo largo del camino, la obra de Dios no podrá ser detenida. Su obra en nuestra vida continuará hasta que esté consumada.

¿Por qué se sentía Pablo tan confiado al respecto? Porque él conocía la manera en que Dios trabaja en la vida del creyente. He aquí "el plan de Dios para el crecimiento espiritual":

1. *La obra de Dios en nuestra salvación*

La obra de Dios en nuestra vida comenzó en la eternidad, cuando un soberano Dios determinó, por su gracia, redimirnos a Él (2 Ti. 1:9). La obra de Dios continuó al enviar a su Hijo, al inmaculado Señor Jesucristo, a morir por nosotros… por usted y por mí. Entonces, en el momento en que confiamos en Cristo, la salvación se arraigó y Dios *comenzó su buena obra* en nosotros.

¿Notó usted el uso que le damos a la palabra *soberano?* Dicho término describe a un rey o gobernante cuyo poder es absoluto. ¿Y no es esa una descripción precisa de nuestro Dios? ¡Nada ni nadie tiene más poder que Dios! Él tiene todo el poder que se necesita para gobernar el universo. Jamás ha ocurrido nada, puede ocurrir ni ocurrirá sin el conocimiento de Dios. Así que cuando Pablo dice: "El que comenzó en vosotros la buena obra, la perfeccionará", podemos sentirnos confiados de que Dios es lo bastante poderoso como para consumar la obra que comenzó con la salvación.

El proceso de consumación ha comenzado,
esa es la salvación.

2. La obra de Dios en nosotros

La obra de Dios en nuestra vida no se detuvo en la salvación. No, nuestro gran Dios nos ha dado al Espíritu Santo para que obre en nosotros. Jesús dijo: "Y yo rogaré al Padre, y os dará otro Consolador, para que esté con vosotros para siempre: el Espíritu de verdad (...) Porque mora con vosotros, y estará en vosotros" (Jn. 14:16-17).

¿Se lo imagina? ¡Dios habita en nosotros! En usted como cónyuge. Amigo, Dios se asegurará de que en nuestro crecimiento nos parezcamos más a su Hijo, de que en nuestro crecimiento seamos más cristianos. Él nos ha dado un tutor residente que nos ayuda a ser más parecidos a Jesús cada día y nos guía hacia la verdad (Jn. 16:13). Ahora bien, ¡tal planteamiento debería revolucionar todo matrimonio!

El proceso de consumación continúa,
eso es santificación.

3. La obra de Dios por nosotros

Como ya hemos visto, a nosotros nos cuesta trabajo ser consumadores. ¡Pero agradece al Señor, porque Él sí es un consumador! Dios es el autor y consumador de nuestra fe (He. 12:2). Jesucristo nos salvó y ahora vive para orar e interceder por nosotros (He. 7:25). ¿No se siente usted muy agradecido? Su fidelidad nos llevará *hasta el día de Jesucristo*, hasta que nos encontremos con Él cara a cara. ¡Esa es la línea de meta!

¿Cuán grande es su Dios? La Biblia dice que su Dios controla todas las cosas, incluso su futuro (y el camino que su matrimonio ha tomado, está tomando y tomará). Dios se asegurará de que usted cruce la línea de meta, de que se complete y se perfeccione en Él. Por lo tanto, usted puede vivir su vida sin dudas ni miedos, nada ni nadie puede detener la buena obra de Dios en usted (Ro. 8:28-29).

¿Por qué no se toman ambos, como pareja, un descanso para maravillarse de la misericordia de Dios? Tómense después las manos y ofrezcan una oración de gratitud por la promesa de Dios de perfección.

Se terminará el proceso de consumación,
eso es glorificación.

Poner en acción el poder de Dios… en su matrimonio

¿No es fantástico conocer y además, creer en la promesa de Dios de perfección y de consumación de la obra que Él comenzó en la vida de usted, y si Dios quiere, en la vida de su cónyuge? Ahora bien, mientras Dios fielmente realiza su obra, he aquí lo que Él pide de usted:

✓ *Siéntase alentado* por la promesa de Dios de consumación. Anímese, porque Dios no ha concluido aún con usted ni con su cónyuge. Ambos son "una obra en progreso". Y como proyectos sin terminar que son, existen áreas en los que tienen necesidades específicas.

✓ ¿Cuáles son sus necesidades específicas? Mentalmente, haga una lista; espiritualmente, ore por ellas; y en la práctica, siéntase alentado. Dios obra en la vida de usted, y por consiguiente, en su matrimonio. Él perfeccionará y consumará lo que una vez comenzó, sin importar los obstáculos, fracasos o barreras que aparezcan a lo largo del camino.

✓ *Crezca* con su participación en la promesa de Dios de consumación. Sin importar la condición espiritual de su cónyuge, usted debe...

C – onfesar sus pecados (1 Jn. 1:9).

O – bedecer la Palabra de Dios (1 Ts. 2:13).

M – aterializar cada esfuerzo para andar como es digno de Dios (Ef. 4:1).

P – royectar su crecimiento en gracia y conocimiento (2 P. 3:18).

L – ograr la victoria aprendiendo a ganar la carrera cristiana (1 Co. 9:24).

E – nrolar a otros cristianos y recibir ayuda de ellos (He. 10:24).

T – omarse un tiempo cada semana para ir a la iglesia (He. 10:25).

O – bservar regularmente qué progresos ha alcanzado (Gá. 6:4).

✓ *Confíe* en la promesa de Dios de consumación. En nuestra vida, ambos hemos acudido, en una u otra ocasión, a otras personas en busca de apoyo para poder hablar ante una audiencia. Pero, mi amigo, para todo en esta vida, tanto usted como yo deberíamos tener la mayor confianza del mundo, ¡una confianza que no puede ser superada! Podemos sentirnos confiados de que nuestra vida y destino eterno se encuentran en manos de Dios todopoderoso, que no deja nada al azar. Él lo ama usted de manera incondicional y se asegurará de que lo que Él comenzó en la vida de usted sea consumado.

Para ella

Preciada esposa, conozco y me comunico con muchísimas mujeres que afirman que padecen de "baja autoestima, pobre imagen de sí misma o falta de confianza en sí misma" y una variedad de otras baja "autoalgo" y de falta de "algo en sí mismas".

¿Cómo es esto posible si tanto tú como yo estamos en Cristo, si pertenecemos al poderoso Dios del universo y tenemos la promesa poderosa de Dios de consumación y perfección? Según las palabras mismas de Dios, podemos —¡y por consiguiente, tenemos!— que *confiar*.

La próxima vez que te oigas hablando acerca de tus *debilidades* y tus *faltas,* o si incluso *tienes* tales pensamientos (¡…!), recuerda la promesa de Dios a sus hijos: *Él* ya comenzó su buena obra en *ti* y *Él* la perfeccionará y la consumará en ti. ¡Como Él te lo prometió, puedes sentirte confiada de ello!

¿Y tu esposo? No te sientas desalentada por ninguna falta o su lento crecimiento espiritual. Y no lo dejes por incorregible. Su crecimiento no tiene nada que ver con el tuyo, y sí tiene mucho que ver con Dios. Si él cree en Cristo, Dios consumará su obra en él también. Y si tu esposo no es cristiano, siempre te queda orar para que Dios abra su corazón a la verdad. Ama a tu esposo, sin que importe otra cosa. ¡Ensalza sus esfuerzos y ora con fuerzas!

Para él

¿No te sientes agradecido de que Dios no haya terminado contigo aún? Si acaso crees en Cristo, Dios ha comenzado una gran obra de construcción con tu vida y en tu vida. ¡Y no importa lo que suceda, Él completará dicho proyecto!

Por lo tanto, nos preguntamos lo siguiente: ¿Con cuanto estás tú dispuesto a contribuir al proyecto? ¿Por qué no decides ahora mismo que vas a procurar ser más cuidadoso a la hora de seguir el consejo contenido en el acróstico: C-O-M-P-L-E-T-O?

Entonces, resuelta ya —¡y aumentada de nivel!— tu decisión de colaborar más con Dios, concéntrate en tu relación con tu esposa. Tu matrimonio es también una obra en progreso. ¿Cuánto estás dispuesto a aportar a dicho proyecto?

He aquí en lo que me encuentro trabajando como esposo que soy, y lo que te recomiendo que hagas como líder espiritual que eres de tu matrimonio: Ora junto a tu esposa y por ella todos los días. Aliéntala regularmente para que continúe creciendo espiritualmente. Estate a su lado como esposo y amigo el mayor tiempo posible. Oro por que tú y tu amada caminen tomados de la mano en su viaje, juntos, hacia la consumación del proceso, hasta que ambos se encuentren cara a cara con su Señor. (¡Sin contar la inmensidad de deleites que recibirás durante el camino!)

Si Dios está con nosotros y nosotros
estamos con Él,
no tenemos nada que temer.
Recuerden las promesas de Dios,
y respondan con fe.[9]

5

La promesa poderosa de Dios de...
valentía

~

Ni Jim ni yo podemos recordar cuándo fue la primera vez que nos interesamos en la historia de la Guerra Civil, pero ambos somos testigos de que cada vez que entramos en uno de nuestros sitios preferidos —una librería—, Jim siempre parece gravitar en dirección a los libros acerca del conflicto ocurrido en el siglo diecinueve entre los estados del norte y los del sur de los Estados Unidos de América.

Así que, como de costumbre, la última vez que nos encontrábamos en un aeropuerto, Jim fue derechito a la librería… directamente al estante de historia. Allí encontró (y compró) la biografía de uno de los generales más grandes, estrictos y controversiales de dicha guerra: Robert E. Lee.

Pero dejemos que Jim les cuente acerca de lo que leyó.

En cuanto comencé a leer el nuevo libro en la siguiente etapa de nuestro viaje, me tropecé con una versión de las aventuras de Lee durante otra guerra: la guerra que los Estados Unidos libró contra México en 1846. He aquí el reporte del oficial superior de Lee acerca del desempeño de este último durante el conflicto: "La mayor hazaña de valentía tanto física como moral llevada a cabo jamás por un individuo".[10]

No es de extrañarse que Robert E. Lee fuera una persona que ejerciera tanta influencia 15 años después, durante la Guerra Civil. Su valentía inspiró a otros a seguirlo, incluso en medio de dificultades abrumadoras. Dicho liderazgo de valentía fue evidente de manera instantánea cuando Lee condujo a la victoria en Manassas al Ejercito de Virginia en el mayor combate de la Guerra Civil.

Descubrir la promesa

Anterior a la época de Robert E. Lee, existió otro general que a la larga tuvo el coraje necesario para alcanzar la victoria. El nombre de dicho general era Josué, y usted puede leer su historia en el libro de la Biblia del mismo nombre. En los inicios de su liderazgo del pueblo de Dios (los israelitas), Josué aparenta ser algo temeroso y desesperado. Ello es comprensible porque…

Josué llevaba las sandalias de Moisés, alguien que desbordaba la realidad, el mismo Moisés que había hablado con Dios y que había sacado a su pueblo de Egipto. Además, estaba…

> el ejército de Josué, si es que se le podía llamar así. Sus hombres eran toda una mezcolanza de personas con muy poca o ninguna formación militar ni experiencia de combate. Y, por último, estaban…

los enemigos de Josué, que habitaban la tierra. Josué mismo los había visto. Eran gigantes pertenecientes a tribus salvajes que se rehusaban a ceder sus tierras sin anteponer una fiera batalla (Nm. 13:32; 14:45).

Dios debe haber notado cierto grado de temor en su general. ¿De qué otra manera podemos explicar los repetidos intentos del Señor para consolar y alentar al nuevo líder? En una de las charlas en las que Dios intentó darle ánimo, Él le dijo:

> *No temas ni desmayes,*
> *porque el Jehová tu Dios estará contigo*
> *en dondequiera que vayas.*
> JOSUÉ 1:9

Esta exhortación de Dios no fue un intento en vano por levantarle el coraje a Josué. Arraigada en la advertencia a Josué, estaba la promesa de respaldar la causa para ser "fuerte y valiente": ¡El Señor mismo estaría con él adonde quiera que Josué fuera!

Entender la promesa

En el análisis de la presente promesa poderosa, disponible para todo cristiano, se nos muestran tres razones por las que Josué no debía sentir miedo. Y, estimada pareja lectora, ya sea usted esposo o esposa, dichas tres razones son las mismas por las que usted puede ser valiente en las batallas que libre: en el amor (en su relación matrimonial) y en la guerra (en su lucha contra "el mundo").

1. *La valentía surge del carácter de Dios*

Dios dijo a Josué: "Sé fuerte y valiente". Él era como un entrenador que desde la línea alentaba a Josué para que "llevara a aquel pueblo a la victoria, ¡para que les diera la tierra!"

"¿Por qué, Señor?", podríamos preguntarnos.

Porque "yo juré que les daría la tierra a sus padres", explica Dios (Jos. 1:6). ¡Fin de la discusión! Dios lo prometió... y lo cumplió.

Como nos hemos percatado a lo largo del presente libro —y así continuaremos—, la naturaleza de Dios no le permitirá romper sus promesas. Josué podía ir a la batalla con toda valentía, pues sabía que Dios le había prometido la victoria. Dios no iba a permitir que fracasara.

Personalmente, creemos que el cumplimiento de la promesa de Dios a Josué debería dar confianza a todo cristiano y toda pareja cristiana. Dios le prometió a usted la victoria. ¿Cree usted en eso? Entonces confíe en Dios. "Mas a Dios gracias, el cual nos lleva siempre en triunfo en Cristo Jesús" (2 Co. 2:14). ¡Eso sí es una promesa! Nuevamente, ¡cuánta confianza podemos tener en cada batalla que libremos en nuestra vida! Librémoslas con la promesa de Dios de valentía.

2. *La valentía crece con la guía de Dios*

Tal vez Josué titubeaba aún. Tal vez Josué no se encontraba tan seguro de que quería tal empleo. (¡Probablemente usted se encuentre en igual situación!) Por la razón que fuera, Dios le volvió a decir: "Solamente esfuérzate y sé muy valiente" (Jos. 1:7). En esencia, Dios lo aconsejó: "¡Sé aun más valiente, Josué!" ¿Por qué? "¡Porque Yo te he dado el plan de acción que te llevará a la victoria!" Dios guió a Josué y le guía a usted y a su cónyuge también por medio de su palabra. Por tanto, cuídate...

> de hacer conforme a toda la ley que
> mi siervo Moisés te mandó (v. 7).

(¡Otra vez Jim!) Hace algunos años, escuché acerca de un buen equipo de fútbol que había sido derrotado por un equipo más débil. No importaba qué jugada intentaran hacer, el oponente parecía saber cómo defenderse contra dicha jugada. Los entrenadores del equipo más fuerte estaban perplejos e intentaban comprender por qué perdían. Entonces, un tiempo después, el misterio se resolvió: uno de sus libros de jugadas había caído en manos del equipo contrario. El libro de jugadas robado dio a los oponentes una guía hacia la victoria. Conocían de antemano todas las jugadas que el equipo contrario podía intentar hacer.

Dios nos ha dado a nosotros los cristianos un libro de jugadas también: la Biblia. Esto significa que podemos organizar una defensa exitosa contra los "dardos de fuego del maligno" (Ef. 6:16). Propónganse juntos entonces, como pareja, seguir el consejo de Dios a Josué. No se distraigan ni pierdan su valentía, no se aparten ni a diestra ni a siniestra, mantengan su devoción enfocada en Dios y su libro de jugadas para su vida y su matrimonio "para que seas prosperado en todas las cosas que emprendas" (Jos. 1:7).

3. *La valentía se multiplica con la presencia de Dios*

Más adelante, en el presente libro, pasaremos un tiempo deleitándonos con el poder de la presencia de Dios. Pero tome nota de lo siguiente: Dios prometió permanecer junto a Josué *en dondequiera* que este fuera. Por tercera y última vez, Dios declaró a su líder: "Te mando a que te esfuerces y seas valiente". Y acto seguido Dios añadió: "No temas ni desmayes". ¿Por qué? "Porque Jehová tu Dios estará contigo en dondequiera que vayas" (Jos. 1:9).

Estoy seguro de que ustedes han enfrentado antes alguna dificultad juntos, que han tenido que cumplir con alguna reunión o compromiso de rigor o que han participado en algún juego o competencia importante en la que realmente tenían que realizar una buena actuación. Todos hemos pasado por eso, ¿no es así? ¡Y cuán alentador es tener a nuestra familia o amigos cerca para apoyarnos! La presencia de ellos nos brinda un estímulo para desempeñarnos mejor o nos alienta a hacer lo correcto.

Bueno, es aún más alentador saber que *Dios* siempre está con nosotros, sin importar qué suceda… y sin importar adonde vayamos. Ese era el secreto de la valentía de Josué. Y, amigo, también debería ser el suyo, mientras que junto a su cónyuge se las arregla para sortear las dificultades que la vida le pone delante.

Poner en acción el poder de Dios… en su matrimonio

¿Su valentía ha disminuido en estos días? ¿Le parece que los encuentros difíciles y las responsabilidades lo abruman? Sea valiente, amigo. Dios está *con usted*, para ayudarlo a librar sus batallas. ¡Esfuércese y sea valiente!

✓ *Recuerde* leer la Biblia todos los días. Ya sea que la lea usted solo o junto a su cónyuge, ¡léala! Pídale a Dios que lo guíe, y usted siga sus instrucciones. Su

Palabra es como una luz para sus pies, una luz en su camino… y en su matrimonio (Sal. 119:105).

✓ *Recuerde* que Dios no anda en busca de soldados que libren combates físicos ni políticos como los librados por el General Lee. No, anda en busca de aquellos que tengan la valentía de librar batallas en el plano espiritual día tras día. Él anda en busca de soldados espirituales (como usted y su cónyuge) poseedores de valentía para…

…levantarse por Cristo en público, en el trabajo y en la casa.

…moldear un carácter piadoso los unos a los otros, y a los demás.

…desempeñar su papel como miembro de su familia.

…guiar a su familia y sacarla de lo mundano y llevarla a lo sagrado.

…hablar de moral en la escuela de sus hijos.

…llevar una vida constante por Cristo, sin importar el costo.

✓ *Recuerde* que si se siente ansioso o temeroso acerca de algo que le haya ocurrido hoy, o su valentía le esté fallando, no dude en comunicárselo a su cónyuge. Pero asegúrese de hacer también lo mismo que hizo Josué: Saque energía y valentía de…

el carácter de Dios,
  la Palabra de Dios y
    la presencia de Dios.

¡Como Dios está contigo y tú estas con Dios,
  no tienes nada que temer!

Para ella

Acaso pensaste, aunque sea por unos minutos, que el presente capítulo no era para ti?

¡Pero sí lo es! ¿Sabías que la mujer de quien se habla en Proverbios 31, conocida como una esposa excelente, noble y virtuosa (v. 10), era una guerrera? ¡En realidad, la palabra en hebreo que se utiliza para describirla aparece más de 200 veces en la Biblia para denotar a todo un ejército de guerreros![11] *Ella* fue un ejército y libró sus combates día tras día. Ello requirió el tipo de valentía que Josué necesitó para su guerra.

Y lo mismo es cierto en tu caso. A lo largo de tu vida, tendrás que "ir a la guerra" cada día en muchos frentes.

¿Cuándo es que tú, como mujer, necesitas valentía? Necesitas ser valiente para seguir la guía de tu esposo, para disciplinar a tus hijos, para rehusarte a un compromiso de trabajo, para ser honesta con tu esposo y claro, ¡la lista no tiene fin!

Te estás preguntando: "Sí, pero ¿cómo?" Amada, haz lo mismo que Josué. Cuenta con las promesas de carácter de Dios y presencia de Dios. Deposita aun más tu confianza en Dios… y demuestra tu valentía cuando sea, donde sea y como sea que Dios te lo pida.

Para él

A menudo he escuchado que la valentía no es la ausencia de temor, sino la habilidad de continuar a pesar del miedo.

Yo no sé tú, pero cada vez que miro a mi alrededor y veo la batalla campal que se libra contra la institución del matrimonio, siento mucho miedo, y oro porque tú sientas tanto miedo como yo. ¡Ambos estamos inmiscuidos!

Pero igual que Dios vino en ayuda de Josué, nosotros también podemos contar con que Dios vendrá en nuestro auxilio en medio de los conflictos que enfrentamos. Su presencia nos da su valentía para erguirnos como los guardianes de nuestros matrimonios, nuestros hogares y el resto de nuestras responsabilidades.

Esposo, oro porque tu preocupación por tu esposa y tu familia los lleven junto a Dios, oro por la valentía de Dios mientras tú intentas ser el líder espiritual que necesitas ser, tanto hoy como en los años venideros.

Hombre de Dios, *¡sé fuerte y muy valiente!* Busca la guía de Dios en la Biblia y en tus oraciones cada día. Dios te ha encomendado la administración de una dama muy especial; séle fiel. Álzate en nombre de los deseos de Dios para ti y tu matrimonio. Sé valiente y libra la buena batalla de fe. Entonces, mañana y cada uno de los días que le siguen, levántate y pide a Dios que te dé esa misma valentía para defender tu fe y hacer lo correcto por tu matrimonio.

¡Puede que a menudo fracasemos si andamos
por nuestra cuenta,
pero en el poder de Cristo
podemos dominar la tentación y
vivir del lado de la victoria![12]

6

La promesa poderosa de Dios de…

liberación

~

Vivir durante 30 años en el sur de California con la constante amenaza de terremotos nos ha convertido en una familia cautelosa cuando de entrar en edificios se trata. Y dicho recelo se agudizó especialmente después del mortal terremoto de 6,8 grados ocurrido en Northridge, California, y cuyo epicentro se encontró solo unos cinco kilómetros de nuestro hogar. Incluso hoy, varios años después de dicho terremoto, al entrar en un edificio miramos de inmediato las señalizaciones de salida. Instintivamente nos preguntamos: "*¿Dónde están?*" Y: "*¿Cuál es el camino más rápido para acceder a ellas?*" No somos paranoicos (¿o sí?) ¡Aún estamos a la espera del "grande"!

Descubrir la promesa

Ahora bien, puede que usted nunca tenga que lidiar con terremotos, pero ¿qué me dice de su último viaje en avión?

¿Qué fue lo primero que le dijeron las aeromozas? Le dieron instrucciones acerca de cómo salir del avión en caso de emergencia, ¿no es así? Es muy importante conocer las rutas de escape, ya sea por seguridad ante un incendio, accidentes aéreos, terremotos… o incluso las tentaciones.

Las tentaciones siempre llegan a la vida de todo creyente. Ninguno de nosotros es inmune (¡y usted sabe a lo que nos referimos!) Bien, ¿les gustaría que existiera una promesa de victoria sobre las tentaciones? Amigo, ¡Dios le ha hecho una promesa!

> *No os ha sobrevenido ninguna tentación*
> *que no sea humana;*
> *pero fiel es Dios,*
> *que no os dejará ser tentados*
> *más de lo que podéis resistir;*
> *sino que dará también juntamente con la*
> *tentación*
> *la salida,*
> *para que podáis soportar.*
> 1 Corintios 10:13

En dichas palabras de aliento, Dios nos promete a usted y a nosotros librarnos del pecado. En otras palabras, esa es la promesa de Dios de darnos una "salida". Dios no nos muestra *cómo* salir de las situaciones de peligro. No, nos muestra cómo Él proveerá una salida para que no sucumbamos ante las tentaciones de la vida.

Así que, amigo, no debemos ver las tentaciones como algo malo. No son ni malas ni buenas. Son sencillamente oportunidades para que reafirmemos y fortalezcamos nuestra fe y confianza en Dios.

Y he aquí otro hecho importante: Las tentaciones no deben ser vistas como pecados. *¡Ceder ante* las tentaciones es el pecado!

(¡Habla Jim!) En el pasado, yo hacía ejercicios de manera regular en un gimnasio. Mi fuerza se desarrolló y di tensión a mis músculos. Mientras más tensión producía el peso en mis músculos, más fuerte me hacía. Cuando uno se resiste a las tentaciones, ayuda a fortalecer los músculos espirituales igual que las pesas de hierro fortalecen los músculos físicos. Nosotros, ya sea esposo o esposa, mientras más resistamos la tentación, más se fortalecerán los músculos espirituales. Por tanto, es vital que resistamos las tentaciones lo más que podamos.

¿Qué pasa si la tentación se vuelve demasiado pesada como para que podamos con ella? Es entonces que la promesa de Dios de liberación viene a nuestro rescate y salva la situación. Recuerdo mis experiencias en el gimnasio: Si alguien estaba levantando mucho peso, tenía a un "ayudante" presente para darle una mano en caso de que no pudiera levantar el peso. Bueno, creo que pudiera decirse que Dios es nuestro "ayudante", seamos hombre o mujer. Él no es un espectador de nuestras vidas, Él está involucrado de manera activa y siempre está presente. Él quiere ayudar, y cuando las tentaciones se vuelven tan pesadas que ya no podemos controlarlas, Él nos libera al crear una salida de emergencia, al proveernos una ruta de escape, un escape de las tentaciones.

¿Cómo funciona esta promesa de Dios de liberación?

Entender la promesa

1. La liberación implica el carácter de Dios

Nunca debemos turbarnos o desalentarnos cuando alguna tentación se atraviesa en nuestro camino. No estamos solos ni nos pasa solo a nosotros en lo que a incentivos se refiere. Como dijo un escritor: "Si estás vivo, eres tentado".[13] ¡Pero hay esperanza! *Dios es fiel.* Dios, por naturaleza propia, no nos dejará solos para que enfrentemos a Satanás y a nuestros propios pecados. En vez, Él está presente, junto a nosotros cuando nos enfrentamos a las tentaciones y por su gracia, resistiremos.

2. La liberación no elimina la tentación

No siempre Dios elimina las tentaciones. Enfrentar las tentaciones y permanecer fuertes puede dar madurez a su vida cristiana. Dios promete que Él no permitirá que la tentación se vuelva demasiado fuerte, de manera que ninguno de los dos pueda manejarla. Él "no os dejará ser tentados más de lo que podéis resistir... para que podáis soportar". Las tentaciones se pueden resistir porque Dios dice que se pueden "soportar".

3. La liberación provee una vía de escape

Dios nos promete la fortaleza para soportar las tentaciones. También nos promete "darnos la salida" para escapar de la tentación. Ya sea que las soportemos o escapemos de ellas, debemos resistir las tentaciones de manera activa. También debemos buscar la salida cada vez que se nos presente una situación difícil. La "salida" de Dios exige que busquemos la liberación que Dios no promete... ¡y que contemos con ella!

Y, amigo, la salida no es siempre fácil. De hecho, en muchas ocasiones resulta ser el camino más arduo. Por eso es que tantas personas ceden ante las tentaciones. Es más fácil que esperar por una salida.

¿Cómo lucirá la "salida"? La liberación de Dios puede llegar por diversos medios, pueden ser personas o, a veces, el viejo sentido común. Lo que sea o quien sea que Dios use para proveer la vía de escape, no dude en dirigirse a la salida. ¡Su vida espiritual depende de ello!

Conozca a un hombre que no pudo resistir la tentación. La triste historia de David, el rey de Israel, se cuenta en 2 Samuel 11. David tenía todo lo que quería o necesitaba. ¿Qué derrocó a este guerrero tan valiente, líder del pueblo de Dios? Dejó de depender de la fuerza de Dios cuando…

> …la tentación llegó. David "vio desde el terrado a una mujer que se estaba bañando, la cual era muy hermosa" (v. 2).

> …la tentación progresó al pecado del pensamiento. David la observó por tanto tiempo que comenzó a desear a aquella mujer tan bella y dio otro paso en dirección al pecado cuando "envió David a preguntar por aquella mujer" (v. 3).

> …la tentación progresó al pecado de la acción. "Y envió David mensajeros, y la tomó (…) y él durmió con ella" (v. 4).

La tragedia es que David pudo verse libre de pecado. Tuvo la opción de no mirar… y la tentación hubiera pasado de largo. David pudo haber clamado al Señor para que le diera fuerzas para resistir y ser liberado. David es un ejemplo clásico de alguien que no quería o no buscó una salida y que, por tanto, no pudo resistir la tentación.

Conozca a un hombre que con éxito resistió la tentación. José es un hombre al que toda pareja debería admirar como modelo de comportamiento, porque él resistió la tentación.

- …la tentación llegó. En el caso de José, la mujer vino tras él. Ella le dijo: "Duerme conmigo" (Gn. 39:7). Y esa no fue una oferta de lo tomas o lo dejas, ¡no señor! "Hablando ella a José *cada día*" (v. 10).

- …la tentación se resistió. ¿Cómo?

- José *valoró* la lealtad hacia los demás por encima de su gratificación personal y dijo a la mujer agresiva: *"He aquí que mi señor* (…) ha puesto en mi mano todo lo que tiene (…) y ninguna cosa me ha reservado sino a ti" (vv. 8-9).

- José *vio* la tentación por lo que era: un "grande mal" (v. 9). La tentación se disfraza de algo hermoso, de algo que usted piensa que por derecho le pertenece, de algo que será divertido y le proporcionará placer. Una vez que se empieza a ver la tentación color de rosa, no pasará mucho tiempo hasta que esa persona dé el siguiente paso, ceda a la tentación y cometa el pecado.

- José *expresó* la relación entre sus acciones y su relación con Dios. "¿Cómo, pues, haría yo este grande mal, y pecaría contra Dios?" (v. 9). José sabía que sus acciones afectarían su relación con un Dios sagrado. Sí, otros se hubieran involucrado, pero para un verdadero creyente el pecado es, en última instancia, un problema con Dios.

José estaba siendo presionado día tras día en su trabajo, pero él se resistió y se dirigió a la salida… ¡literalmente (v. 12)! Él nos facilitó el modelo de Dios para lidiar con nuestras tentaciones. Así que, la próxima vez que cualquiera de ustedes se vea en medio de alguna tentación, pregúntese: "¿Qué modelo seguiré, el de David o el de José?"

*P*oner en acción el poder de Dios… en su matrimonio

Nunca está de más repetirlo: ¡todos, incluso los líderes más fuertes como David y José, tienen que enfrentar las tentaciones! Y cada uno de ustedes también tendrá que lidiar con las tentaciones. Pero haga una pausa y piense en la promesa poderosa de Dios de librarnos del pecado. Ello no significa que usted nunca pecará, pero sí significa que Dios estará a su lado para ayudarlo a resistir la tentación para que usted no peque. Él está con usted para protegerlo de las tentaciones irresistibles y siempre darle una salida.

Su responsabilidad ahora es la de discernir dónde está la salida y cómo llegar a ella. He aquí algunas cosas en las que pensar, algunas vías de escape, por así decirlo, siempre que cuente con Dios y su promesa de liberación.

✓ *Comprenda* que la tentación nos confronta a todos.

✓ *Reconozca* que la tentación se presenta a menudo disfrazada de atajo, de salida fácil, de una vida mejor, de una chica bonita o un muchacho apuesto, de una garantía para el éxito, de un plan para hacerse rico de inmediato o de una casa más grande y mejor.

✓ *Recuerde* a aquellas personas y a aquellos lugares que le provocaron las mayores tentaciones. Evite las situaciones comprometedoras.

✓ *Huya* de las áreas de debilidad.

✓ *Confíe* en la ayuda de Dios. Ore antes de actuar. La oración demuestra que usted depende de Dios y evita que usted actúe de manera irracional o tonta.

✓ *Lea* la Palabra de Dios. Vea lo que Él dice acerca de resistirse a las tentaciones.

✓ *Razone* acerca de las consecuencias. ¿Cómo podrían sus acciones afectarlo a usted, a su cónyuge y a sus seres queridos?

✓ *Reclute* otros cristianos que lo apoyen cuando se sienta tentado.

✓ *Regocíjese* porque puede resistir las tentaciones. ¡Dios es el Gran Liberador!

Para ella

¿Cómo se aplica la promesa de Dios de liberación a una esposa?

Primero, una manera clara en que puedes ayudar a tu esposo es dándote cuenta de que probablemente él sí se enfrente a la tentación sexual. Ya sea en el trabajo, en la calle, en el tren, como José, él probablemente enfrente la tentación día tras día. Así es que ya conoces tu responsabilidad bíblica: ¡mantenlo feliz en casa!

Más allá de cuidar sexualmente a tu esposo, debes prestar atención respecto de tus propias áreas de tentación. Además de las tentaciones sexuales, existen otros grandes frentes de combate que no podemos descuidar:

Comida: cuídate de comer demasiado. Comprende que tu cuerpo también pertenece a tu esposo (1 Co. 7:4).

Finanzas: cuídate de gastar demasiado. Comprende que ese dinero es también de tu esposo.

Preocupaciones: cuídate de preocuparte. Comprende que el preocuparte puede hacer trizas la armonía de tu matrimonio… y esa casa también es de tu esposo.

¿Qué puedes hacer? Ora por la fortaleza de Dios cuando estés tentada. Confía en que Dios te facilitará una salida ante la tentación. Aprende a decir que *no* ante las tentaciones.

Para él

Recientemente he leído acerca de las luchas que los hombres cristianos libran con respecto del pecado sexual y las tentaciones. Esto es, siempre lo ha sido y siempre será un problema común para todos los hombres. Este tipo de tentación existe desde hace mucho, mucho tiempo… ¡desde la caída del hombre del Edén! José estuvo tentado hace cerca de 4.000 años y David pecó sexualmente hace 3.000 años.

Hermano, la causa del pecado nunca será nuestra cultura, origen, ambiente, metabolismo, genes u hormonas, sino más bien nosotros mismos. Y libraremos las batallas no solo contra las tentaciones sexuales, sino contra un millar más de otros tipos de tentaciones… ¡por el resto de nuestra vida! "La carne es débil" (Mt. 26:41). Así que, ¿cómo vamos a resistir la tentación a todos los niveles?

Comienza por recordar que Dios te promete y provee una salida cuando estás tentado.

Piensa entonces en tu esposa. Ella es tu porrista más importante. Ella, más que nadie, apoya tus deseos de vivir una vida digna de Dios. Ella te conoce mejor que nadie, tiene en mente lo mejor para ti y te ama sin condiciones. Invítala entonces a que te acompañe, pídele apoyo en tus luchas, confía en ella y pídele que ore: "Mejores son dos que uno… porque si cayeren, el uno levantará a su compañero" (Ec. 4:9-10).

Dios ha arrojado
nuestros pecados confesados
a las profundidades marinas,
y ha puesto incluso una señal de
"Prohibido Pescar"
en dicho lugar.
—Dwight L. Moody

7

La promesa poderosa de Dios de…
perdón

~

Las navidades constituyen una época del año de festividad y júbilo. ¡Y, como puede testificar un examen a su cuenta bancaria conjunta, la entrega de regalos es un elemento prominente de la época festiva!

Si usted es como nosotros, probablemente recibió algunos regalos con los que posiblemente no sepa qué hacer. Tal vez su tía Mabel le regaló un suéter que no es de su talla y que ni siquiera es de un color que sea apropiado para usted. ¿Y qué me dice del frasco de colonia para después de afeitarse? ¡Guao! Tenía un olor tan fuerte que las flores se marchitaban cuando usted pasaba por su lado. Regalos como esos le eran obsequiados por amigos bienintencionados y familiares, ¡pero es casi seguro que usted haya guardado las cajas originales para regresarlos cuanto antes!

Pero ¿qué decir de ese regalo "perfecto" que algún ser querido le obsequió y que usted encontró ideal e incluso útil? ¡Usted se estuvo poniendo ese pulóver o esa bata hasta que terminó hecho harapos! Y aún utiliza esa herramienta eléctrica o la mezcladora de alimentos.

Amigos, Dios les ha dado a ambos un regalo aun más preciado y útil, ¡uno que le salvará la vida! Él dio el regalo de su Hijo, el Señor Jesucristo. El apóstol Pablo describió el regalo de Dios de Cristo como "don inefable" (2 Co. 9:15).

Descubrir la promesa

Cuando se recibe el regalo de Dios de Jesús, también se recibe el beneficio de nuestra siguiente promesa poderosa: la promesa del perdón de Dios. El perdón de Dios es tan completo que Él promete que…

> *Cuanto está lejos el oriente del occidente,*
> *hizo alejar de nosotros nuestras rebeliones.*
> Salmo 103:12

¿Se encuentra usted luchando contra algún pecado que cree que es demasiado grave como para que Dios lo perdone? Recuerde que Dios es más grande que todos los pecados y que ningún pecado es imperdonable a los ojos de Dios (con la excepción de "la blasfemia contra el Espíritu Santo", según Mt. 12:31). Claro, debe haber alguna consecuencia con la que usted tendrá que lidiar en su vida. Las relaciones depauperadas son difíciles de enmendar, las leyes infringidas sencillamente tienen sus castigos justos, el dinero que se pide prestado o que se maneja mal debe ser pagado, pero el perdón y el amor limpiador de Dios no lo abandonará cualesquiera que sean las consecuencias.

¿Y qué hay con el otro extremo del espectro de los pecados? Tal vez usted piense que su pecado es demasiado pequeño para que Dios se preocupe por él o lo note. Usted sabe, esas pequeñas "mentiras piadosas", esos actos descuidados de indiscreción. Puede que usted desee que dichos pecados sean tan pequeños que pasen desapercibidos ante el radar de Dios, o que posiblemente Dios tenga un "estatuto de limitación" al respecto y algún día, sencillamente… desaparezcan.

¡Pero esos pecados que no han sido confesados sí tienen consecuencias! Dichos pecados obstaculizan su relación con un Dios justo y sagrado. (Y adivine… ¡Obstaculizan la relación con su cónyuge!) Es cierto que Dios perdona los pecados, pero también es cierto que no deja pasar ninguno por alto. Ya sean los pecados grandes o pequeños, usted necesita experimentar la promesa de Dios de perdón. Ahora bien, ¿qué implica dicho perdón?

Entender la promesa

1. *El perdón de Dios es completo*

Es importante fijarse que cuando recibe a Jesucristo y nace en la familia de Dios, los pecados son perdonados de una vez y por todas. Cuando Jesús dijo: "Consumado es" en la cruz, se refería a su trabajo de redención (Jn. 19:30). Jesús murió por los pecados de usted y los nuestros. Cada pecado que usted cometa está contemplado en la muerte de Jesús.

Cristiano, como hijo de Dios, su perdón es completo porque la obra de Jesús fue completa: se satisfizo la justicia de Dios cuando su Hijo murió. Dios puede, por lo tanto, mostrar su misericordia y perdonarlo a usted por completo.

2. El perdón de Dios es permanente

Probablemente usted aún recuerde haber sido herido profundamente por alguien (¿su pareja, tal vez?) en el pasado. Tal vez ya usted haya perdonado a esa persona por el mal cometido y esté tratando de olvidarlo, pero el dolor todavía está presente y sigue latente en su memoria.

Dios no es como usted y sus recuerdos. Cuando Dios perdona, también olvida… que es exactamente el contenido de la presente promesa poderosa: "Cuanto está lejos el oriente del occidente, hizo alejar de nosotros nuestras rebeliones". Lea cómo un profesor explica la promesa de perdón:

> Los pecados de los creyentes serán olvidados, no
> serán mencionados jamás; se les buscará y no se
> les encontrará. Si nosotros los olvidamos de veras,
> Dios los perdonará de veras.[14]

3. El perdón de Dios es infinito

El don de Dios de perdón es "un regalo que no cesa". Usted no puede agotar el perdón de Dios. Ya sean sus pecados pocos o muchos, Dios siempre estará ahí para perdonarlo. Aunque la capacidad de Dios de perdonar de manera continua no le da licencia para hacer lo que a usted le venga en gana, es alentador saber que Dios siempre está dispuesto a perdonar. (Y nosotros seguimos sus pasos cuando nos perdonamos los unos a los otros.)

4. El perdón de Dios debe compartirse

Una de las grandes bendiciones que nos brinda el perdón de Dios es la oportunidad de transmitir dicha misericordia a otros (Mt. 5:7). ¡Dios le ha perdonado tanto! ¿No debería usted hacer lo mismo por los demás… incluso con su cónyuge?

¿Cuán a menudo y cuán profundamente debe usted perdonar a otra persona? Jesús respondió: "Setenta veces siete" (Mt. 18:22). En otras palabras, su perdón no debe tener límites.

Perdonar a otros es una marca que identifica al creyente. El perdón de Dios es la necesidad más profunda del hombre, pero el perdón de los demás es el más grande logro del hombre. ¡Y dicho perdón debe comenzar por casa!

5. El perdón de Dios nos cambia

Que el perdón de Dios sea completo, permanente y sin límites es algo maravilloso, pero saquémosle el máximo a cada acto de Dios de perdón, considerémoslos oportunidades para aprender una lección… ¡acerca de cómo evitar el mismo pecado en el futuro! Claro, debemos *pedir perdón a Dios.* Él quiere que reconozcamos, tan pronto como sea posible, que nos hemos equivocado. Pero vayamos un paso más allá y *pidamos sabiduría a Dios,* también debemos buscar consejo constantemente en la Palabra de Dios y en amigos cristianos y piadosos. ¡Cambiemos, crezcamos en nuestro andar cristiano, aprendamos a evitar el pecado!

Poner en acción el poder de Dios… en su matrimonio

Seguramente usted se pregunta: *¿Me perdonará Dios si cometo el mismo error?* Respuesta: ¡Por supuesto! Pero debe usted convertir en una meta constante el crecer de sus propios errores y aprender del maravilloso perdón de Dios. ¿Cómo?

✓ *En oración,* agradezca a Dios por su perdón completo a los errores que usted cometió en el pasado. Acepte el perdón de Dios, abrace su misericordia y confíe en su promesa poderosa de que Él ya le ha perdonado a usted en Jesucristo. ¡Qué gran Salvador!

✓ *Propóngase* recordar cada día que Dios ha perdonado los pecados suyos en Jesús. Recuerde la promesa: Él separó sus pecados de usted de este a oeste. ¡Más lejos no se puede! Usted y sus pecados nunca se encontrarán.

✓ *Propóngase* olvidar lo ocurrido en el pasado y con alegría siga los planes de Dios para su vida ¡a toda máquina! Usted comenzará desde cero, tendrá una vida llena de segundas oportunidades. ¡Nadie, excepto Dios, puede otorgárselo!

✓ *En oración,* haga una lista de personas a las que necesita perdonar, personas que le han hecho mal. Comience por aquellos cercanos a usted: su amor. Ahora que usted ya ha experimentado el perdón de Dios, deberá ser capaz de extenderlo a él o ella y a otros. Ore por todos los de la lista y pida a Dios que le ayude a perdonar a cada persona sin que queden remanentes de resentimiento. El perdón es una calle de dos vías: un "alma perdonada" es un "alma que perdona".

✓ *En oración,* haga una lista de personas a las que *usted* les haya hecho algún mal. Nuevamente, comience por su pareja matrimonial. ¿Qué planea hacer para arreglar las cosas? ¿Hablará usted con ellos? ¿Los llamará? ¿Cuándo? ¿Qué les dirá? ¿Cuál será su primer paso?

✓ *Alabe* a Dios constantemente por su indescriptible don. Jesús es el regalo que no cesa. Asegúrese de compartir todas las buenas noticias acerca del perdón de Dios con otros.

✓ *Deje a un lado su resentimiento* para con su cónyuge. Ello envenena su corazón, su hogar y sus hijos (He. 12:15). ¡No vale la pena!

✓ *Póngase un corazón de perdón* y "antes sed benignos unos con otros, misericordiosos, perdonándoos unos a otros, como Dios también os perdonó a vosotros en Cristo" (Ef. 4:32).

> *El matrimonio se define como*
> *la unión de dos*
> *personas que deben perdonarse*
> *mutuamente…*
> *¡todos los días!*

Para ella

¡Amada esposa! Asegúrate y deléitate con el perdón de Dios que se ha extendido hasta *ti*. Invocar y recordar su bondad y su gracia cada día te hace una persona más alegre y exuberante. En vez de sumergirte en la depresión o lamentar errores, fracasos o malos tratos pasados, puedes seguir adelante, a toda velocidad y con entusiasmo, hacia una vida maravillosa que está justo en frente tuyo… todo gracias al perdón de Dios. ¡Qué bendición para tu esposo! ¡Cuánta alegría y energía traerá a tu hogar y a tu matrimonio!

Y, a modo de premio, recordar el perdón de Dios te hará una persona y esposa más indulgente. Como ya conoces la bendición del perdón, querrás, a su debido tiempo, bendecir a *otros* por medio del perdón. Y la primera persona a la que debes extender el perdón de Cristo es a tu amado esposo. Para cuando leas esto, ya sabrás de sobra que en tu matrimonio tú y tu amado tienen mucho que perdonarse cada día. ¿Qué deberás hacer entonces?

Pide a Dios su gracia para perdonar, rehúsate a sentir rencor, no lleves la cuenta de los males que te hacen (1 Co. 13:5). Guárdate de que la amargura eche raíces en tu corazón (He. 12:15). ¡Opta por perdonar!

Para él

¿Alguna vez te has dado cuenta de que, como hombre, pedir u ofrecer perdón se nos hace muy difícil a menudo? ¡Es casi tan terrible como preguntar una dirección! ¿Por qué sucede eso? ¿Por qué pasamos los hombres tanto trabajo con el perdón, con darlo y con recibirlo?

Bien, no puedo responder por ti, sino por mí: el orgullo es a menudo el culpable, en especial en mi matrimonio. He aquí como funciona: yo digo o hago algo estúpido, desagradable para Elizabeth o más bien, soy un poco brusco. Entonces, en vez de pedir perdón inmediatamente y dar por terminado el asunto, mi orgullo me dice: "¡Tienes razón en lo que dijiste!" o "Bueno, ¡no es para tanto!"

Me resulta muy sencillo justificar mis acciones, e incluso elogiarme a mí mismo. Pero no importa la reacción de Elizabeth, mientras yo no califique mi acción como "pecado" y no le pida perdón a ella, habrá una mancha en nuestra relación. Todo porque no fui lo bastante humilde como para admitir que me había equivocado.

¿Alguna vez hiciste algo así? Permíteme alentarte a que aprendas con rapidez a reconocer que te has equivocado y a pedir perdón... sin importar las consecuencias. Mantén limpia la cuenta y la línea de comunicación con tu esposa. Perdónense mutuamente, "como Dios también os perdonó a vosotros en Cristo" (Ef. 4:32).

La gracia se busca, no se compra ni se hace.
Es un regalo de Dios Todopoderoso
a la humanidad, que lo necesita.
—BILLY GRAHAM

8

La promesa poderosa de Dios de...
gracia

~

Gracia. Solo di la palabra y muchos pensarán de inmediato en el himno cristiano *Sublime gracia.* Y en verdad, la historia del autor del himno trata por completo de la sublime gracia de Dios.

John Newton era un comerciante de esclavos que ejerció su oficio en el siglo XVII. Era un hombre rudo e inmoral, quien más tarde se describió a sí mismo como "infeliz"; cosa que, todo parece indicar, lo era… ¡y mucho más! Al pasar por una serie de circunstancias que pusieron en peligro su vida, Newton experimentó una conversión dramática que cambió su corazón y su estilo de vida y terminó por convertirse en un famoso predicador y compositor. No es de asombrase que la primera línea de su himno diga: "Sublime gracia del Señor, que a un infeliz salvó".[15]

Descubrir la promesa

Mientras conversamos acerca de la gracia de Dios, siéntase con libertad de tararear junto a nosotros, e incluso cantar, el

93

gran himno de John Newton en nuestro andar por otra de las increíbles promesas de Dios, la promesa poderosa de Dios de su gracia, ¡porque la gracia de Dios es verdaderamente sublime! De hecho, Dios nos dice…

> *Bástate mi gracia.*
> 2 Corintios 12:9

¿Ha hecho usted alguna vez algo malo, *bien* malo? ¿Algo en lo que usted sabía que estaba equivocado, al igual que todo el mundo; sin embargo, su cónyuge, su jefe o sus hijos lo han perdonado? Entonces usted ha probado un poco de lo que significa recibir misericordia no merecida. ¡En eso consiste la gracia de Dios! Dicho de manera sencilla: "Gracia" es la misericordia de Dios, el favor de Dios, el *inmerecido* favor de Dios.

Desde el mismo comienzo de la historia escrita, Dios ha demostrado su favor, comenzando por Adán y Eva. Dicha pareja desobedeció a Dios y merecían la muerte como castigo por su desobediencia, pero Dios mostró su gracia (su favor) para con ellos, ¡cosa completamente inmerecida!

Y así continúan los ejemplos a lo largo de la historia que nos narra la Biblia. La nación de Israel es otro ejemplo de la gracia de Dios. Dicho pueblo merecía la destrucción, pero Dios fue misericordioso. Escuche la oración de gracias de Nehemías dedicada a Dios por su gracia —su favor inmerecido— para con la nación de Israel:

Mas por tus muchas misericordias no los consumiste, ni los desamparaste; porque eres Dios clemente y misericordioso (Neh. 9:31).

Entender la promesa

1. *La gracia de Dios salva*

Ahora avancemos hasta el presente, a usted y nosotros. La Biblia plantea claramente que "por cuanto todos [¡y todos significa todos!] pecaron, y están destituidos de la gloria de Dios" (Ro. 3:23), y que "la paga del pecado es la muerte" (Ro. 6:23). Al igual que todos aquellos que partieron antes que nosotros, tampoco merecemos el favor de Dios. Merecemos la muerte. Pero (y aquí viene el inmerecido favor de Dios), "por gracia sois salvos por medio de la fe; y esto no de vosotros, pues es don de Dios" (Ef. 2:8).

La gracia es la concesión intencional de Dios, el amoroso favor que otorga a aquellos a quienes salva. No hay cómo ganarnos la gracia si pudiéramos, ya no sería inmerecida ni podemos salvarnos a nosotros mismos. Solo Dios puede salvarnos. La única manera en que podemos recibir el regalo de Dios es por medio de la fe en Jesucristo (Ro. 3:24).

Amigo, ¿acaso la gracia de Dios se ha vertido sobre ti por medio de Jesucristo? Si es así, entonces usted tiene experiencia de lo que es la gracia inmerecida, sublime y suficiente de Dios.

2. *La gracia de Dios nos guía*

Igual que John Newton, el apóstol Pablo fue un personaje despreciable hasta que conoció a Jesús en el camino a Damasco (Hch. 9:1-9). Él se presentó ante Jesús con un pasado: había perseguido y matado a cristianos. Sin embargo, a pesar de su negro pasado, Pablo pudo decir:

> Por la gracia de Dios soy lo que soy; y su gracia
> no ha sido en vano para conmigo, antes he

trabajado más que todos ellos; pero no yo, sino la gracia de Dios conmigo (1 Co. 15:10).

La gracia de Dios bajó y alcanzó la vida de Pablo de manera tan completa, que pasó de odiar a los cristianos a ser un cristiano que amaba a sus hermanos y hermanas en Cristo. Y Pablo reconoció que había sido la gracia de Dios lo que lo había cambiado, y fue la gracia de Dios lo que lo moldeó y al final, lo guió durante sus 20 y tantos años de creyente.

¿Alguna vez en el pasado ha experimentado (o tal vez incluso ahora) el tratar de controlar su propia vida, de guiar su propio bote, de izar la velas de su propio destino?

(¡Habla Jim!) Hubo una época en la que traté de ser el capitán de mi propia vida, pero Dios, en su grandiosa gracia, intervino y tomó el control. Y cada vez que miro atrás, al rumbo que ha tomado mi vida, veo el bien que Dios ha tenido en mente mientras obraba en lo que era mejor para mí.

¿Cómo serán las cosas entonces para ustedes dos? ¿Ustedes quieren la guía de Dios? ¿Quieren vivir una vida sin arrepentimientos? ¿Quieren disfrutar de una vida en la que puedan declarar junto al apóstol Pablo: "Yo soy lo que soy… [por] su gracia"?

Si la respuesta es: "Sí" (y ¿por qué habría de decir que no?), entonces debe entregar su vida a la guía de Dios. Como Pablo, debe preguntar constantemente: "¿Qué haré, Señor?" (Hch. 22:10). Con esa pregunta, usted, al igual que Pablo, busca la gracia y guía de Dios en su vida y su matrimonio. ¿Alguna vez necesita ayuda? ¡La gracia de Dios puede guiarlo!

3. *La gracia de Dios otorga poderes*

La vida del cristiano no es siempre color de rosa. En realidad, la Biblia dice que "todos los que quieren vivir piadosamente en Cristo Jesús padecerán persecución" (2 Ti. 3:12). (¿Qué le parece esa promesa?) Por consiguiente, podemos contar con bastante seguridad que enfrentaremos alguna persecución. Y además, están los sufrimientos y los disgustos que forman parte de la vida y de vivir: la pérdida de un niño o un miembro de la familia, la pérdida del empleo o la salud, el dolor que imponen las circunstancias difíciles o los problemas financieros. ¿Cómo lidiamos con ellos entonces? ¿Cómo alcanzamos la victoria?

La respuesta, nuevamente, es por la gracia de Dios.

El apóstol Pablo tuvo un serio problema. No sabemos si lo que llamó "aguijón en mi carne" fue una dolencia física o una persona, pero algo o alguien estaba allí para "abofetear" a Pablo (2 Co. 2:7). Lo molestaba tanto que le pidió a Dios tres veces que se lo quitara (v. 8). ¿Y cuál fue la respuesta de Dios a Pablo? Dios le prometió: "Bástate mi gracia" (v. 9).

La promesa de Dios de poder por medio de su gracia hizo que Pablo se volviera a una esquina y proclamara: "Por tanto, de buena gana me gloriaré de mis debilidades, para que repose sobre mí el poder de Cristo" (v. 9).

La promesa de Dios de gracia es verdaderamente sublime. Además de no tener límites...

> ...la gracia de Dios es suficiente para su salvación.

> ...la gracia de Dios es suficiente para moldearlo en la persona —¡y cónyuge!— que necesita ser para servir a su familia, la iglesia y el mundo.

> ...la gracia de Dios es suficiente para salvarlo de cada juicio que enfrente o de cualquier necesidad que experimente jamás.

...la gracia de Dios es ciertamente suficiente para hacer frente a cualquier cosa que el mundo haga en contra suya. ¡Cualquier cosa! (¡Punto final!)

...la gracia de Dios será suficiente para guiarlo a la gloria. (¡Esa es la mejor noticia de todas!)

Poner en acción el poder de Dios... en su matrimonio

Se entiende que la vida del cristiano no es fácil. De hecho, se pudiera decir que es imposible. Usted, como Pablo, experimentará debilidades, afrentas, necesidades, persecuciones y angustias (2 Co. 2:10). ¡Pero anímese! Dios promete que cuando usted permita que la gracia de Jehová lo controle en los momentos difíciles. Él le dará la fuerza y le dará poderes en medio de los miles de problemas que se interpondrán en su camino. Dios tiene que continuar —y continuará— cumpliendo con su parte. Ahora, bien, ¿qué puede hacer usted para poner en acción la promesa de Dios de G-R-A-C-I-A en su vida?

G -racias dé... a Dios por que usted recibirá la gracia y no la ley.

R -esponda... con amor y obediencia al regalo de la gracia de Dios en su vida.

A -pele a Dios... para que le dé sabiduría para entender lo que su gracia debe significar en su vida y su matrimonio.

C -omuníquese… con otros creyentes en una iglesia en la que le enseñen la Biblia y en la que pueda recibir adiestramiento acerca de la gracia de Dios.

I -nsista en seguir a Dios.

A -brace y extienda la gracia de Dios… a otros al

hablar del evangelio

mostrar perdón y

sostener las cargas de otros.

Para ella

Jim y yo nos regocijamos juntos con el tan amado himno, Sublime Gracia. Otro de mis himnos preferidos es *Gracia admirable del Dios de amor*.[16] En especial, me gusta mucho la letra, que me hace recordar "gracia, de Dios, que excede a toda mi maldad". Amada hermana en Cristo, no olvides recordarte a ti misma todos los días acerca de la sublime y maravillosa gracia de Dios. Hacerlo te mantendrá humilde, agradecida y adorarás a Dios todo el día.

Y no olvides recordarte a ti misma acerca del hecho de que la gracia de Dios es también *suficiente*. ¡Al hacerlo, obtendrás una sensación de poder —la gracia suficiente, poderosa y vigorizante de Dios— para enfrentar cualquier cosa que el día te depare!

Ello significa que nunca tendrás que pasar ninguna prueba en tu matrimonio —o tu vida— que no puedas manejar con la fuerza, gracia y poder de Dios. Cuando no tengas un céntimo, la gracia de Dios será suficiente. Cuando tú y tu esposo luchen contra algún problema de salud, la gracia de Dios será suficiente. Cuando un niño tenga que sufrir de alguna manera, la gracia de Dios será suficiente. Cuando en tu relación con tu esposo surjan dificultades tan altas como las montañas, la gracia de Dios será suficiente.

Amada, la gracia de Dios te hará capaz de caminar junto al Espíritu y resultar llena del amor, del gozo, de la paz, de la paciencia, del autocontrol y de la sabiduría de Dios, para enfrentar lo que sea que se interponga en tu camino. Él te lo prometió. Cuenta con ello… y ponlo en acción.

Para él

Cuando hago un recuento de mi vida, solo puedo agradecer a Dios por su gracia. ¡Me doy cuenta de que Él no me ha dado lo que en realidad me merezco! Y debido a su gracia, puedo hacer llegar la gracia de Dios a otros. ¿Qué lugar mejor para empezar que en mi propio hogar y con mi amada esposa?

¡Me encanta estar casado con la mejor mujer del mundo! (¡Y apuesto que tú piensas lo mismo de tu esposa!) Pero debido a que Adán y Eva pecaron, cada matrimonio tiene sus días duros. Tenemos que plantearnos como objetivo mostrar la gracia de Dios a nuestras esposas.

¿Cómo puedes demostrarle la gracia y bondad de Dios a tu esposa?

> *Cultiva* la peor memoria del mundo cuando se trate de los errores de ella. (Dios te perdonó a ti y tú tienes que perdonar a tu esposa.)
>
> *Busca* formas de mostrarle amor incondicional.
>
> *Da* con generosidad. Aprovecha toda oportunidad para decirle a tu esposa que estás pensando en ella: una llamada por teléfono, una tarjeta, una salida especial en la noche (¡sin los niños!)
>
> *Recuerda* que la gracia de Dios es suficiente para hacer de ti un esposo piadoso y amoroso.

Aquel que confía en que su propia sabiduría
le guiará por la vida,
es un tonto.
Es como arrojar el ancla dentro del mismo bote,
y por consiguiente, se irá a la deriva sin cesar.
Aquel que se encomienda al Señor
para que lo guíe,
actúa con sabiduría.[17]

9

La promesa poderosa de Dios de...
guía

~

abla Jim...!) A través de los años, me he hecho el firme compromiso de correr para mantenerme en forma. En ocasiones, esta decisión ha planteado su propio conjunto de problemas exclusivos. Por ejemplo, la vez que estaba corriendo en París, Francia. Mientras estuve allí visitando a un amigo misionero y su familia, decidí levantarme temprano antes de que comenzaran nuestras reuniones e ir a correr. Era un glorioso día de primavera, de esos por los que París es famoso. Así que salí.

Mientras corría, observé un poco a los que me rodeaban. Pero ellos iban igual que usualmente hago yo cuando corro, perdidos en sus pensamientos. Yo siempre corro durante un número determinado de minutos, así que esa mañana, cuando la mitad de mi tiempo asignado se había cumplido, di la vuelta para regresar al edificio de apartamentos de mi amigo. Pero para mi sorpresa, cuando me volví, ¡nada me resultaba conocido! Era todavía muy temprano, así que había solo unas pocas personas en la calle y las señales y los carteles de las tiendas estaban en francés... idioma del que no sé nada ni siquiera para pedir ayuda. En esencia, ¡estaba perdido en París!

"¿Cómo regresó al apartamento?" se preguntará usted. Bueno, al principio me dije a mí mismo que si corría un rato, finalmente reconocería algo familiar y entonces sabría como regresar, pero después de haber andado corriendo en círculos durante algún tiempo, nada me parecía ni siquiera remotamente familiar. Fue entonces que comencé a ponerme muy nervioso. ¿Por qué no se me ocurrió traer conmigo la dirección de mi amigo, o al menos su teléfono? Hasta mi pasaporte lo había dejado en el apartamento. Y si no salía pronto de aquel enredo, ¡ya podía verme perdido para siempre en las calles de París!

Amigo, cuando todo lo demás falle, ore. Ahora, ¿no es así como siempre sucede? Yo no pensé en orar hasta que estuve a punto de entrar en pánico. "Señor" dije "por favor, muéstrame algo que me ayude a encontrar el camino de regreso al apartamento".

¿Fue "coincidencia" o la oración respondida? (¡Creo que usted conoce la respuesta!) Casi antes de que pudiera terminar mi clamor a Dios, lo vi: El cartel de la sala de exposición de camiones Talbot. ¿Por qué me había causado aquel cartel tal impresión? No fue porque yo conociera mucho de camiones extranjeros. En realidad, nunca había oído hablar de la Talbot Truck Company. No, Talbot era el nombre del seminario en el cual realicé mis estudios teológicos. Y por esa razón, me había fijado especialmente en aquella sala de exposiciones al pasar por allí. A los diez minutos, estaba ya a salvo de regreso en el apartamento.

Descubrir la promesa

¿Ha tenido usted alguna experiencia similar? ¿Ha estado usted perdido y necesitado de orientación? ¿O en medio de la toma de una seria decisión como pareja y necesitado de una guía? Bueno, ¡Dios tiene una promesa precisamente para usted!

> *Fíate de Jehová de todo tu corazón,*
> *Y no te apoyes en tu propia prudencia.*
> *Reconócelo en todos tus caminos,*
> *Y él enderezará tus veredas*
> PROVERBIOS 3:5-6

Tome nota: En esta promesa de Dios, Él no nos garantiza que ninguno de nosotros no se perderá en las calles de París o de ninguna otra ciudad, pero sí nos promete guiarnos durante toda la vida... si nosotros queremos.

Entender la promesa

Mil años antes de que Jesucristo viniera a la Tierra, el rey Salomón dio su parecer acerca de lo que se necesitaba para recibir la guía de Dios. Como ya usted leyó en la promesa de este capítulo, Salomón dijo que debemos escoger el camino de Dios y dejar que Él nos guíe. ¿Cómo es que obtenemos entonces la promesa de Dios de guiarnos? Debemos...

1. Depender completamente de Dios

En otras palabras: "Fíate de Jehová de todo tu corazón". Confíe totalmente en la sabiduría de Dios. Dios sabe qué es lo mejor para usted, para su matrimonio y sus propósitos. Él lo creó. Por lo tanto, Él es mejor juez (que usted) del sentido que su vida debe tomar. Usted debe confiar y obedecer la guía de Dios completamente, independientemente de qué tan doloroso sea hacerlo. La palabra *confiar* literalmente significa "yacer indefenso, boca abajo". Describe lo mismo a un siervo en espera de la orden de su amo, presto a obedecer o un soldado derrotado rindiéndose ante el general conquistador.[18]

2. Tener en poca estima nuestra propia sabiduría

Si es usted honesto consigo mismo, reconocerá que su habilidad para tomar decisiones sabias y piadosas es "a lo que salga", en el mejor de los casos. La Biblia nos advierte: "No seas sabio en tu propia opinión" (Pr. 3:7). Pero coincidamos de inmediato en que Dios nos ha dado cierta cantidad de sabiduría. Usted puede, y espero lo haga, pensar cuidadosamente las decisiones que toma. Pero Dios también nos advierte no apreciar tanto nuestros propios pensamientos que tomemos decisiones basándonos solamente en nuestra sabiduría. Así que tenga cuidado de no excluir otras fuentes de sabiduría que Dios pone a su disposición. La sabiduría puede venir de la Biblia, de sabios líderes de la iglesia y de consejeros espirituales. Han de consultarse la Palabra de Dios y las personas sabias para tomar las mejores y más sabias decisiones posibles.

3. Siempre buscar la voluntad de Dios

Para recibir la guía de Dios, Salomón dijo: "Reconócelo en todos tus caminos". En otras palabras, ustedes buscarán la voluntad de Dios en todo lo que hagan. Esto quiere decir que ustedes van a...

> ...dejar cada aspecto de su vida a Dios. Jesús lo dijo de esta manera: "Mas buscad primeramente el reino de Dios y su justicia" (Mt. 6:33). ¿Hay algún asunto que ustedes no hayan dejado al sabio control de Dios? ¿Como individuos? ¿Como pareja?

…examinar sus valores y prioridades. ¿Qué es importante para ustedes, otra vez como individuos y como pareja? ¿Sus prioridades y valores coinciden con los de Dios?

Cuando ustedes determinen reconocer la presencia de Dios y lo incluyan en todo lo que hagan, tengan la seguridad de que "Él enderezará tus veredas". Él los guiará en la realización de sus propósitos y no de los vuestros. Seremos más como el Maestro y podremos decir: "no se haga mi voluntad, sino la tuya" (Lc. 22:42).

*P*oner en acción el poder de Dios… en su matrimonio

Ahora vamos a poner esta poderosa promesa en acción. ¿Cómo han estado ustedes dos tomando las decisiones? ¿Por prueba y error? ¿Por azar? ¿Por tanteo? Bueno, es hora ya de que eso cambie. La próxima vez que necesiten guía, sigan esta lista de qué hacer y qué no hacer. Les ayudará a ir directamente hacia la voluntad de Dios.

✓ *No vayan*, bajo ninguna circunstancia, a confiar solamente en su propia razón. ¿Por qué? Porque: "El que confía en su propio corazón es necio" (Pr. 28:26). Consulten a Dios, el uno al otro, y a otros. Trabajen en equipo.

✓ *Reconozcan* la necesidad de la guía de Dios en todas las decisiones, grandes y pequeñas. Son "las zorras pequeñas" las que pueden traerles los mayores problemas y conducirlos a los más grandes desastres

(Cnt. 2:15). No minimicen la necesidad de guía, especialmente en las que en apariencia son decisiones pequeñas.

✓ *Escuchen* y déjense corregir por la Palabra de Dios y los sabios consejeros. Acepten consejos. El camino del necio es derecho en su opinión (Pr. 12:15)

✓ *Usen* la habilidad que les fue dada por Dios para pensar detenidamente las cosas y las opciones. Y recuerden: pensar lleva tiempo (tiempo a solas y tiempo juntos).

✓ *Sean* pacientes hasta que la voluntad de Dios se haga perfectamente clara. Adviertan que el camino que conduce a la voluntad de Dios está bien trazado (Pr. 15:19) y bien iluminado (Pr. 4:18). Tengan cuidado con los caminos mal trazados y no bien iluminados.

✓ *Oren* por cada decisión como si fuese la más importante decisión que jamás hayan tomado porque uno nunca sabe: tal vez lo sea. Su matrimonio se ve afectado por cada decisión que cualquiera de los dos tome.

Para ella

Tienes al menos seis medios para recibir la guía de Dios. Mediante estas disposiciones, Dios promete que "enderezará sus veredas".

1. *Tu esposo:* Trabaja en tus habilidades comunicativas para que ambos puedan debatir las cosas cuando haya que tomar decisiones.

2. *El Espíritu Santo:* Él te guiará a toda la verdad (Jn. 16:13) si confías y obedeces.

3. *La Palabra de Dios:* "Nada hay nuevo debajo del sol" (Ec. 1:9). Averigua qué dice Dios acerca de tu situación.

4. *Tutores espirituales:* Aquellas mujeres que son más maduras pueden aconsejarte (Tit. 2:3-5)... aún cuando las cosas se ponen feas en casa.

5. *Sabios consejeros:* Búscalos cuando estés indecisa o dudosa acerca del sentido que lleva tu vida o tu matrimonio.

6. La *oración fervorosa:* Si necesitas guía, pídesela a Dios. Y ora sin falta por tu esposo ya que él toma decisiones que los afectan a ambos.

Para él

¿Comprendiste el principio subyacente de este capítulo sobre la guía de Dios? Es conocer la voluntad de Dios para tu vida.

Y como Dios te ha llamado a ser el guía de tu esposa y de tu familia, la voluntad de Dios para contigo es la voluntad de Dios para tu esposa también. Una revelación bastante aterradora, ¿no es cierto? Es por eso que la promesa de la guía de Dios es tan importante. ¿Cómo dirige Dios el camino de un hombre, de un esposo? ¿Y cómo puedes "reconocerlo en todos tus caminos"?

La respuesta de Dios es la siguiente: "no te apoyes en tu propia prudencia". En vez de eso...

Pregúntale a Dios: Lee su Palabra y ora. A medida que buscas en las Escrituras y ores, la voluntad de Dios se hará más y más clara. Rechaza tomar cualquier decisión sin buscar primero la intención de Dios a través de la Biblia y la oración.

Pregúntale a hombres sabios: Cuando tengo una decisión verdaderamente grande que tomar, usualmente me dirijo a dos o tres cristianos con los cuales puedo contar para que me digan como son las cosas. Ellos probablemente verán el asunto con claridad y me lo expondrán francamente. ¿A quién conoces que pueda darte consejo espiritual?

Pregúntale a tu esposa: Dios te dio una esposa como una "caja de resonancia", una ayuda, una compañera de vida. Así que busca su aporte y sus oraciones. Escúchala cuidadosamente. Sus decisiones los afectarán a ambos.

Mi esperanza se funda nada menos que
en la sangre y la justicia de Jesús;
Me atrevo a no confiar en el más
dulce de los cuerpos,
mas me apoyo enteramente en el
nombre de Jesús. [19]

10

La promesa poderosa de Dios de…
esperanza

~

Tenemos la esperanza y oramos porque este no sea su caso, pero desdichadamente la mayoría de las personas no sabe qué es lo que quiere alcanzar en la vida, no conoce su propósito. ¿Qué hacen entonces? Se obsesionan con las riquezas, el poder, las relaciones y la salud. Creen que la realización en estas esferas satisfará sus íntimos anhelos.

¿Pero pueden verdaderamente tales conquistas conseguir eso? ¿Son verdaderamente felices las parejas cuando logran obtener desenvolvimiento, dinero, influencia y amistades?

La respuesta es *sí*, hasta cierto punto. ¡Pero amigo, hay mucho más (muchísimo más) en la vida! Como escribió un hombre desdichado en su nota de suicidio: "Valgo diez millones de dólares según el juicio de los hombres, pero soy tan pobre en espíritu que no puedo seguir viviendo. Algo anda terriblemente mal con la vida".

¿Qué era, nos preguntamos, lo que faltaba en la vida de este hombre?

113

En una palabra... *¡esperanza!* ¿Ha oído este dicho?: "Se puede vivir 40 días sin comida, cinco minutos sin aire, pero no se puede vivir ni siquiera un segundo sin esperanza". Verdadera esperanza, una esperanza con seguridad, es lo que las personas (incluso ese acaudalado hombre de negocios) ansían. Pero cometen el error de buscarla en todos los lugares equivocados.

Descubrir la promesa

La esperanza verdadera y perdurable se nos revela solamente en un lugar: la Biblia. La esperanza verdadera y perdurable se encuentra solamente en una persona: Jesucristo. Y la esperanza verdadera y perdurable nos es prometida solamente por una fuente: ¡Dios! Escuche ahora una de sus muchas poderosas promesas de esperanza:

> *Porque yo sé los pensamientos que tengo*
> *acerca de vosotros,*
> *dice Jehová,*
> *pensamientos de paz, y no de mal,*
> *para daros el fin que esperáis.*
> JEREMÍAS 29:11

"¿Cuáles te digo primero, las buenas noticias o las malas noticias?" ¿Cuántas veces ha escuchado esta pregunta? ¿Y cómo responde usted usualmente? ¿Pregunta por las buenas noticias primero, o por las malas?

Bueno, en el caso de la promesa de Dios de esperanza en Jeremías 29:11, Dios primero le dio a su pueblo algunas malas noticias. Les informó a los hijos de Israel que permanecerían en cautividad, lejos de su patria, durante 70 años como castigo por dejar de obedecer repetidamente sus órdenes (v. 10).

Pero detrás de las malas noticias vinieron las buenas noticias: Al final de sus 70 años de exilio, Dios, una vez más, visitaría a su pueblo y cumpliría su promesa de regresarlos a su tierra. Esta era una gran noticia de esperanza.

Entender la promesa

¡Setenta años es un l-a-r-g-o tiempo! Imagínese con qué facilidad el pueblo perdería la esperanza y supondría que Dios les había dado la espalda. Imagínese con que frecuencia se habrán visto tentados (¡tal vez todos los días!) a pensar que Dios ya no los amaba ni se ocupaba de ellos. ¡Pero todos esos pensamientos estarían definitivamente equivocados! Así que, para evitar tales pensamientos equivocados, Dios dio a los israelitas esta brillante promesa de esperanza a través de su profeta Jeremías.

¡Había que estimular a Israel! Ellos necesitaban saber que a pesar de su situación podían aún estar firmemente seguros en su confianza en Dios y en su fe en el amor y preocupación de Dios por ellos. Sí, ellos habían pecado y desobedecido a Dios repetidamente, pero Dios les estaba dando *esperanzas* de que aún en medio de su *calamidad* Él seguiría llevando a cabo sus planes para sus vidas y su *futuro*.

Hermano en Cristo, Dios tiene un plan para su vida también. Usted, como los israelitas, puede tener confianza en el plan de Dios para usted, su matrimonio y sus propósitos. ¿Por qué puede tener tan inconmovible esperanza? Porque su esperanza no es como un barco a merced de los vientos. No, ¡su barco está anclado a Dios mismo!

1. La esperanza se basa en el poder de Dios

¿Alguna vez ha pensado en el hecho de que Dios sabe, de antemano, todo lo que sucederá? Eso es porque Él es el autor de la historia, incluidas las suyas, tanto individuales como de pareja. Ustedes son parte de su gran plan. "yo sé los pensamientos que tengo acerca de vosotros, dice Jehová". Porque él conoce el futuro, y ha diseñado su agenda personal, y está presente con usted, es que usted puede tener ilimitada esperanza, una esperanza basada en la promesa de Dios todopoderoso. ¡Mientras más fuerte sea su fe en Dios, más fuerte será su esperanza!

2. La esperanza se ve fortalecida por el buen plan de Dios

Cuando sucede algo terrible en su vida, ¿se ha visto alguna vez tentado a preguntar: "¿Qué de bueno puede haber en esto?" *Parece* un desastre. Lo que es más: se *siente* como un desastre. Por lo tanto, usted rápidamente llega a la conclusión: "¡*Es* un desastre!"

Es entonces que usted debe recordar la poderosa promesa de Dios, "yo sé los pensamientos que tengo acerca de vosotros... pensamientos de paz, y no de mal".

Cuando los israelitas fueron castigados por 70 años, para ellos, puede que haya parecido a primera vista que Dios había terminado con ellos. Después de todo, Él había permitido que su país fuera destruido y que ellos fueran mandados al exilio. ¡Esto debe haberles parecido un desastre! *¿Qué de bueno*, podrán haberse preguntado, *puede haber en esto?*

Pero Dios no olvidó a su pueblo, que estaba sufriendo en Babilonia.

Amados, ¡Él no los olvidará a ustedes! Dios tenía un plan, un plan maravilloso, para convertir a su pueblo en un nuevo pueblo maravilloso, con un nuevo propósito maravilloso. Y promete hacer lo mismo por ustedes. Dios tenía un plan que contemplaba el bienestar de su pueblo... ¡y lo mismo es cierto de su plan para ustedes!

Una vez más, no importa lo que esté sucediendo con su vida, usted siempre debe recordar la poderosa promesa de Dios, "yo sé los pensamientos que tengo acerca de vosotros... pensamientos de paz, y no de mal". Y una vez más, Dios no olvidó a su pueblo que estaba sufriendo en Babilonia... ¡y no los olvidará a ustedes! ¡Dios lo había prometido y Dios los liberó! Y lo repetimos, Él hará lo mismo por ustedes. Él tiene un *plan* para tomar lo que parece ser un desastre (¡aún si se trata de lo que parece ser un desastre en su matrimonio!) y mediante su poder y misericordia, convertir la situación en algo grandioso y *bueno*.

¿Han tenido algún "desastre" últimamente? ¿Parece como si Dios se hubiera olvidado de ustedes? ¡Vuélvanlo a pensar! Fortalézcanse en el hecho de que Dios es misericordioso. Él utilizará lo que parece ser una circunstancia trágica para prepararlos para un mayor crecimiento espiritual y una renovada atención hacia Él. ¡Una bendición así no tiene precio!

3. *La esperanza se fortifica a través de la devoción a Dios*

¿Tienen a veces ocasiones en las que se detienen durante al menos un momento y se regocijan de cuán fiel ha sido Dios en sus vidas para con ambos y como resultado, se sienten fortificados para seguir adelante, aun en medio de una mala situación? Pensamientos tan inspiradores pueden seguramente estimularles a seguir adelante, ¿no es cierto?

Bueno, Dios no quería que su pueblo, los israelitas, se desalentaran. ¿No se había acaso ocupado Él fielmente de ellos durante cientos de años tanto en los buenos como en los malos tiempos? Y, para Dios, su exilio a babilonia no era algo diferente. Él les prometió: "Les daré el fin que esperáis".

- *El fin:* "os haré volver al lugar de donde os hice llevar" (Jer. 29:14).

- *La esperanza:* "He aquí que... haré nuevo pacto con la casa de Israel... Daré mi ley en su mente, y la escribiré en su corazón; y yo seré a ellos por Dios, y ellos me serán por pueblo" (Jer. 31:31-33).

¿No tomarán un minuto para detenerse y regocijarse de cuán fiel ha sido Dios con ustedes hasta este momento? Y mientras están en "pausa", reflexionar acerca del poder de la promesa de Dios para ustedes de...

...un futuro: "En la casa de mi Padre muchas moradas hay... voy, pues, a preparar lugar para vosotros. Y... vendré otra vez, y os tomaré a mí mismo, para que donde yo estoy, vosotros también estéis" (Jn. 14:2-3).

...una esperanza: Dios "morará con ellos [hombres y mujeres]; y ellos serán su pueblo, y Dios mismo estará con ellos como su Dios" (Ap. 21:3).

Poner en acción el poder de Dios... en su matrimonio

Corrie ten Boom, una prisionera en un campo de concentración nazi durante la II Guerra Mundial y una mujer necesitada de esperanzas a cada minuto de cada día, hizo esta declaración: "Nunca tema confiarle un futuro que desconoce a un Dios que sí conoce". Amigos, como cristianos, ustedes no necesitan actuar como aquellos que no tienen esperanza. ¿Por qué? Por Jesucristo. Por Él, ustedes *conocen* su futuro.

¡Por favor, no vivan una vida de desesperanza! No se desanimen ni se depriman ni usted ni su esposa por el rumbo que toman las cosas. ¡Y no respondan a las adversidades de la vida con desesperación o indulgencia para consigo mismos! En vez de eso, desenvainen la promesa de Dios de esperanza cuando sientan venir la desesperación, cuando su situación parezca irremediable, cuando se sientan abrumados por las presiones de la vida y aparentes injusticias. Agárrense con fuerza de su esperanza, y luchen contra la intemperancia, contra el entregarse a la ira, a la depresión, al pecado sexual, a la gula, y cualquier cantidad de otras conductas de derrota. Pongan en acción la poderosa promesa de Dios de estas maneras:

- ✓ *Acuérdense* de la promesa de Dios de esperanza. Hablen de ella con frecuencia cuando uno de ustedes se sienta desanimado.

- ✓ *Revisen* la Palabra de Dios de esperanza y aliento para ustedes. ¡Hasta este punto, solo hemos analizado *diez* de las miles de poderosas promesas de Dios! ¡Y cada una de ellas representa un cambio para su vida y está llena de esperanza! ¿Cuál le gusta más a ustedes dos hasta ahora?

- ✓ *Resistan* la tentación de entregarse a la carne. La indulgencia para con uno mismo es para los que no tienen esperanza; el dominio propio es para los que sí la tienen. Apóyense el uno en el otro para escoger la respuesta apropiada en los momentos difíciles.

✓ *Confíen en* el Dios de esperanza. Confíen en la promesa de esperanza de Dios. Es una promesa y una esperanza que tienen su fundamento en la personalidad, sólida como la roca, de Dios.

✓ *Regocíjense* y den gracias a Dios por recibir su poderosa promesa de esperanza. Hagan esto juntos. Levantará el espíritu en cualquier día difícil.

✓ *Cuenten* el historial de fidelidad de Dios. Es muy fácil ver nada más que los días malos y olvidar los muchos días brillantes de bendiciones de Dios en sus vidas.

✓ *Recuerden* que no importa qué tan mal se pongan las cosas, Dios tiene un plan, un plan para bien, y que Él estará con ustedes en cada hora de necesidad. ¡Él lo ha prometido!

Para ella y él

¿Les parece esta sección algo diferente de lo que esperaban? ¡Pues así es! Es porque nos sentamos juntos como pareja y hablamos largamente sobre la esperanza… ¡o la falta de ella! Y llegamos a la conclusión que las preocupaciones pueden privar a ambos miembros de un matrimonio de la esperanza que Dios nos ha prometido y provisto.

(Habla Jim…) Créanlo o no, las preocupaciones no son derecho exclusivo de las mujeres. Los hombres mueren en la flor de la vida a causa del estrés y las preocupaciones creadas por su trabajo o por la falta de trabajo, a causa del estrés y la preocupación de tener que pagar por un hogar y una educación para sus hijos. Luego, estos estreses y preocupaciones causan mayor estrés y preocupación aun sobre su salud (¡lo cual pone su salud aun en un mayor riesgo!) ¡Sí, yo personalmente puedo dar fe de que las preocupaciones son definitivamente también un problema para los hombres!

(Habla Elizabeth…) ¡Mientras nuestros esposos puede que se preocupen por las finanzas y el aprovisionamiento, nosotras las esposas tenemos nuestras propias especialidades cuando del Departamento de Preocupaciones se trata! Si no tenemos hijos, nos preocupamos de cuándo los tendremos. Si tenemos hijos, nos preocupamos por ellos. Si nuestros hijos no están casados, nos preocupamos. Si nuestros hijos están casados, nos preocupamos. Si nuestros hijos no tienen hijos, nos preocupamos, y si nuestros hijos tienen hijos... ¡bueno, ya se llevaron la idea!

(Hablamos ambos...) Así que juntos les proponemos esta "lista compartida" para que ambos lleven la brillante promesa de esperanza de Dios a su justo lugar en su matrimonio.

> *Oren* la próxima vez que se hallen preocupados. Disparen una flecha de oración al primer asomo de ansiedad.

> *Niéguense* a preocuparse por circunstancias que están más allá de su control. ¡Aún están bajo el control de Dios!

> *Hagan* una lista con todas sus preocupaciones... y conviértanla en su lista de oración.

> "Por nada estéis afanosos" y "no os afanéis por el día de mañana" (Filipenses 4:6; Mateo 6:34).

> *Piensen* en el plan de Dios para su futuro. ¿Qué les promete Él que le trae esperanzas a su presente?

> *Y el Dios de esperanza os llene*
> *de todo gozo y paz en el creer,*
> *para que abundéis en esperanza*
> *por el poder del Espíritu Santo.*
> ROMANOS 15:13

Aquel que se provee para su vida
pero no se preocupa por la eternidad,
es sabio por un momento,
pero un necio por siempre.

La vida con Cristo
es esperanza sin fin;
sin Él
un fin sin esperanzas. [20]

11
La promesa poderosa de Dios de…
vida

~

(Habla Jim…) Uno de los preciados regalos que me dieron mis padres cuando niño fue el interés por la lectura. A una temprana edad mi madre me inscribió en un club de libros clásicos para niños. Todos los meses el cartero traía un nuevo clásico… y zarpaba yo nuevamente, navegando con piratas en naves impulsadas por el viento, a explorar islas desconocidas en busca de tesoros escondidos (mientras Elizabeth andaba resolviendo misterios con Nancy Drew).

Un cuento que me fascinaba particularmente era la historia de la búsqueda de la fuente de la juventud (ya saben, el manantial cuyas aguas supuestamente tenían el poder de devolver la juventud). Creyendo en esta leyenda, Juan Ponce de León, un explorador español, partió en 1513 en una expedición desde Puerto Rico para descubrir esta fuente cuyos poderes de vida, se decía, provenían de una isla llamada Bimini.

No hay ni que decir que Ponce de León no encontró la fuente de la juventud, pero sí descubrió una gran extensión de tierra el Domingo de Pascua de 1513. Llamó al nuevo territorio *Pascua Florida.* Hoy debemos agradecerle a este explorador por haberle dado nombre al estado de La Florida.

Descubrir la promesa

Esta historia de Juan Ponce de León señala la fascinación que las personas, a través de los tiempos, han sentido por la vida. Una obsesión con la vida de aquí y ahora y con la vida en el más allá. Tales pensamientos se hallan constantemente en las mentes de cada hombre y mujer, ya lo expresen o no. Muchos anuncios de televisión ofrecen nuevos productos que nos harán lucir más jóvenes o sentirnos más jóvenes. Parece ser que las personas están dispuestas a gastar cualquier cantidad de dinero por la "fuente de la juventud". Sí, la preocupación por la vida está permanentemente grabada en la humanidad.

¿Y si hubiera alguien que pudiera verdaderamente darles vida a ambos? Esa sería una noticia maravillosa, ¿no es cierto? Pues adivine qué: Tal persona existe, y su nombre es Jesucristo. Escuchen su promesa:

> *Yo he venido para que [ustedes]*
> *tengan vida,*
> *y para que la tengan en abundancia.*
> Juan 10:10

Encontramos estas palabras en las crónicas del apóstol Juan, acerca de la vida de Jesús. En el Evangelio de Juan, el tema de la vida es repetidamente recalcado. Cuando tengan la oportunidad, léanse el Evangelio de Juan. Encontrarán que hace referencia a la vida ¡más de 40 veces! En ningún otro libro de la Biblia se hace tantas veces alusión a la vida.

¿Están ambos interesados en averiguar más acerca de la promesa de vida que Jesús nos ofrece? ¿Están listos para explorar un poco? ¡Pues entonces vamos!

Entender la promesa

1. Solamente Jesús nos ofrece la vida

¿Han hablado alguna vez ustedes sobre por qué Jesús, Dios hecho carne, vino al mundo? Bueno, su promesa nos explica su propósito. Jesús vino a ofrecernos la vida, vida en abundancia y vida eterna. Jesús dijo: "Yo he venido para que tengan vida, y para que la tengan en abundancia". También proclamó: "Yo les doy vida eterna; y no perecerán jamás, ni nadie las arrebatará de mi mano" (Jn. 10:28). Jesús es un dador de vida, de vida abundante, y un sustentador de vida, de vida eterna.

¿Y a quiénes ofreció Jesús la vida eterna? A aquellas *ovejas* que *escuchen* su voz y le *sigan* (Jn. 10:3). ¿Eres uno que ha escuchado su voz y sigue al Buen Pastor? Si es así, Jesús te promete que tendrás vida… ¡y que la tendrás en abundancia!

2. La vida solo se encuentra en Jesús

Los filósofos y las autoridades religiosas desde los comienzos de la historia escrita han dicho que conocen el *camino* para llegar a Dios. Algunas de estas autoridades nos dicen que hay "muchos caminos que conducen a Dios". ¿Pero es eso cierto? Solo Jesucristo pudo legítimamente decir: "Yo soy el *camino*, y la verdad, y la vida; nadie viene al Padre, sino por mí" (Jn. 14:6).

Las personas buscan en todas partes la vida eterna y terminan olvidando al único que puede dársela: ¡Jesús, el Dios-Hombre! ¿Qué camino estás tomando como individuo? ¿Y como pareja? ¿Uno de los tantos caminos, o estás en el único camino? Estar en el camino correcto determinará si tienes vida.

3. *La vida en Jesús es abundante*

Uno de nuestros yernos es astrónomo. Paul le ha permitido a nuestra familia disfrutar muchos momentos excepcionales contemplando las estrellas al traer su telescopio a nuestra casa de campo en las noches despejadas. ¿Alguna vez ha utilizado un telescopio que pueda extender para incrementar su poder de aumento? Bueno, mi amigo, la vida en Jesús es como ese telescopio: magnificador. Cada vez que usted despliega una nueva "sección", la vida se hace más larga, más brillante, más disfrutable y más plena. Eso es lo que nos promete Jesús: "vida en abundancia" (Jn. 10:10). Jesús nos promete...

- Profundidad en su vida ahora: La vida que Jesús le da ahora mismo es abundantemente rica y plena. Nada más piénselo: Usted tiene amor, gozo, paz, paciencia, benignidad, bondad, fe, mansedumbre y templanza (Gá. 5:22-23). Y no olvidemos el perdón y la guía. ¿Falta algo? ¡No en Cristo!

- Extensión de la vida a la eternidad: Su vida eterna comienza en el momento en que usted acepta el ofrecimiento de Jesús y abraza al Pastor. Como dice el dicho: "Este es el primer día del resto de tu vida". Ya que (¡eso esperamos y oramos por ello!) usted ya ha experimentado la vida eterna, ¿cómo debe vivir entonces?

- Debe vivir a la expectativa. Su ciudadanía está en los cielos (Fil. 3:20). Por tanto, usted debe vivir esperando que el Rey venga un día a llevarlo a casa.

- Debe vivir confiado. El ridículo y la persecución pueden venir, pero, como hijo de Dios, usted puede vivir con seguridad. ¿Por qué? Porque nada podrá separarlo de su Pastor (Ro. 8:38-39).

Poner en acción el poder de Dios… en su matrimonio

Usted tiene un futuro eterno. Su vida espiritual comenzó desde el momento en que creyó. Jesucristo le ha dado, y espero que a su pareja también, un increíble regalo. Le ha dado vida eterna.

¿Y, qué significa en su matrimonio tener vida eterna? Discutiremos más sobre esto en la sección "Para él" y "Para ella", pero, por ahora, si ha recibido a Cristo, significa que su vida no termina cuando usted muera físicamente. Solo comienza: ¡usted tiene una vida eterna! ¿Cómo debe el conocimiento de esto influir en su vida actual?

✓ *Propóngase* invitar a Cristo a su corazón y a su vida ahora si aún no lo hecho. Usted debe querer vida eterna. Es un regalo gratuito. ¿Y cómo se vuelve suyo? Juan dijo: "Mas a todos los que le recibieron, a los que creen en su nombre, les dio potestad de ser hechos hijos de Dios" (Jn. 1:12). ¿Has recibido el regalo de Dios de vida eterna? Si no es así, o no estás seguro, puedes hacer una sincera oración como esta. Puedes dar este paso hacia Cristo.

> Jesús, quiero seguirte. Sé que soy un pecador y quiero arrepentirme de mis pecados. Creo en que tú moriste por mis pecados y te levantaste nuevamente victorioso sobre el poder del pecado y la muerte, y quiero aceptarte como mi salvador personal. Ven a mi vida, Señor Jesús, y ayúdame a seguirte y obedecerte de hoy en adelante. Amén.

✓ *Propóngase* vivir hoy con todo su corazón. Usted no tiene que *esperar* por la vida eterna. Usted tiene comunión con Dios... ¡hoy! *¡Hoy* es el primer día del resto de su vida, y así es cada día con Jesús!

✓ *Propóngase* vivir hoy con un corazón agradecido. Usted no necesita esforzarse en pos de alcanzar la vida eterna. Cristo ya hizo el trabajo de salvación para usted. ¿Ya le dio las gracias hoy?

✓ *Propóngase* contar con las promesas de Jesús y vivir con un corazón confiado hoy. Usted no tiene que *preocuparse* de perder la vida eterna. Fíjese aquí en las palabras de promesa y seguridad de Jesús: "yo les doy vida eterna; y no perecerán jamás, ni nadie las arrebatará de mi mano" (Jn. 10:28).

✓ *Propóngase* apartar cualquier incertidumbre de su corazón y disfrute en la realidad de la vida, la vida eterna. Usted no tiene por qué desear la vida eterna. ¿Por qué? Porque es una realidad si usted es cristiano (1 Jn. 5:13-14). El propio Dios eterno, Jesucristo, lo prometió. Y esa es una garantía del Dios que no miente.

✓ Propóngase entregarle todo su corazón a Dios hoy... ¡y todos los días de su vida! Usted no quiere *desperdiciar* su vida. Usted tiene una mayordomía. Su vida es cara. Le costó a Dios la muerte de su hijo. Úsela diariamente. Úsela prudentemente, de buena voluntad y sin escatimar. Úsela para bendecir a su pareja.

✓ *Propóngase* compartir la buena nueva de la vida en Cristo con otros. Personas de todo el mundo y de todos los tiempos han buscado la vida que ahora usted posee. Juan Ponce de León buscó la fuente de la juventud y nunca la encontró. Las falsas religiones ofrecen la vida eterna, pero no pueden producirla. Solo una relación personal con Jesucristo puede dar vida: profundidad en la vida ahora, y extensión de la vida a la eternidad. Has encontrado la fuente de vida ¡compártela con otros! *Sé testigo* para otros de la vida eterna. ¡Su destino depende de eso!

Para ella

Una parte de la historia de mi vida incluye el hecho de no haber sido cristiana hasta casi los 29 años de edad. Eso significa que Jim y yo estuvimos casados durante ocho años antes de que yo, por la gracia de Dios, me convirtiera en una creyente en Cristo. Y durante aquellos años, Jim era cristiano. ¡Así que podrán imaginarse las discusiones, desacuerdos y malentendidos que tuvimos sobre "religión" y el modo en que debían hacerse las cosas! Aquellos fueron días muy impredecibles.

¿Significó aceptar a Cristo una diferencia en nuestro matrimonio y en mí como esposa? ¡Por favor! Podrían escribirse libros enteros sobre la transformación que tuvo lugar en mi vida, lo cual significa que nuestro matrimonio también se afectó. Aquí están los primeros dos cambios que me vinieron a la mente. ¡Y fueron instantáneos!

Gozo: Poseer vida eterna eliminó mi carga de preocupaciones y sentimientos de inutilidad. ¡Imagine el matrimonio y el hogar lleno de tal consuelo y abrumadora dicha!

Paz: El regalo de Dios de vida *eterna* significó no preocuparme más por mi futuro y mi destino. ¡Imagine el matrimonio y el hogar de donde es eliminada la oscuridad de la duda, y la luz y la esperanza de Jesucristo brillan!

Créame, Cristo lo cambia... todo. ¡Entrégale tu vida!

Para él

La vida en Jesucristo te proporciona la eternidad. Pero, amigo, también puedo decirle que cambia tu vida diaria... ¡especialmente la vida que vives con tu esposa! Ninguna cantidad de dinero puede ponerse en la multitud de bendiciones que traes a tu matrimonio al ser un esposo cristiano. A causa de tu unión con Cristo, traes una presencia espiritual a tu unión con tu esposa, ya sea ella creyente o no.

La presencia de Jesucristo en tu matrimonio significa que puedes...

- Amar a tu esposa sacrificadamente como Cristo amó a la iglesia (Ef. 5:25). ¿Has mostrado ese amor hoy?

- Vivir en cristiandad según el modelo de las virtudes cristianas de paz, gozo, paciencia, benignidad, bondad, fe, mansedumbre, templanza (Gá. 5:22-23). ¿Puedes pensar en alguna forma de ser un mejor modelo?

- Guiar a tu esposa y a tu familia hacia la rectitud. ¿Has hablado del plan de Dios de vida eterna con tu esposa? ¿Comparten un mutuo amor por nuestro Salvador y la esperanza de una vida eterna juntos para siempre?

El amor es esa situación
en la cual la felicidad de otra persona
es esencial para la propia.[21]

12

La promesa poderosa de Dios de…
amor

~

abla Jim…) ¿Con que frecuencia a conocido usted a una auténtica celebridad? Vivir en el sur de California durante casi 30 años y trabajar parte de ese tiempo en Beverly Hills, me dio varias oportunidades de al menos reconocer a varias estrellas de cine. Realmente nunca conocí a ninguna, pero era muy divertido regresar a casa y jugar a "Adivina a quién vi hoy" con Elizabeth.

Pero ambos, Elizabeth y yo, sí conocimos personalmente a una celebridad de la música hace varios años en una cena ofrecida por algunos amigos. Ahora, comprendan que la historia que les cuento era un suceso único para nosotros. Nosotros nunca esperamos conocer semejante celebridad porque no pertenecemos a ese tipo de círculos de la sociedad. Este músico era Hal David, el compositor de la canción *What the World Needs Now Is Love* [Lo que el mundo necesita ahora es amor]. Burt Bacharach hizo los arreglos de la canción y Jackie DeShannon la interpretó.

Bueno, en cualquier caso, este compositor era un hombre muy amable e interesante. Fue fascinante escuchar como llegó a escribir la letra de esta laureada canción. Y como colofón, aquella noche la mujer que cantó el estreno original de esta famosa canción estaba allí con él. ¡Así que imagínese! ¡Nuestros anfitriones pidieron a estas dos "estrellas" que cantaran su tan conocida canción! Y antes de que pudiéramos darnos cuenta de lo que sucedía, estábamos —como todo el mundo en el restaurante— cantando con ellos. ¡Qué momento tan único aquel!

Descubrir la promesa

Si usted conoce el ritmo de la canción a la cual me refiero, probablemente ya la esté tarareando, ¿verdad? Y apuesto a que también está de acuerdo con el mensaje de la canción. El mundo aún necesita amor... del cual aún hay muy poco.

Pero fíjese en esta poderosa promesa de Dios:

> *Porque no nos ha dado Dios*
> *espíritu de cobardía,*
> *sino de... amor.*
> 2 Timoteo 1:7

El amor es una cualidad bíblica vital que hay que poseer. Pero tanto para hombres como para mujeres, es también una actitud que con frecuencia se mal interpreta. Nuestra sociedad confunde el amor con la lujuria. La lujuria es un fuerte deseo físico y sexual. Puede ocurrir sin ningún sentimiento asociado de amor o afecto, convirtiéndose en una calle de una sola vía a realización propia y a la autosatisfacción. Como criaturas pecadoras, nuestra inclinación natural es...

- a tomar, no a dar
- a buscar la satisfacción, no a satisfacer
- a buscar la comprensión, no a comprender
- a ser egoístas, no a ser desinteresados

El amor de Dios, sin embargo, va en contra de todas nuestras tendencias normales. A diferencia de la lujuria y la autosatisfacción, el amor de Dios va dirigido hacia los demás. Por eso es tan importante que nosotros comprendamos la promesa de Dios de amor (su amor). Es por eso también que dicho amor revolucionará nuestros matrimonios. Tenemos que ser cuidadosos y no confundir el amor de Dios con lo que el mundo y nuestra sociedad llama amor.

Entender la promesa

La promesa bíblica "Dios no nos ha dado espíritu de cobardía, sino de... amor" fue dada a un joven predicador llamado Timoteo. Él estaba enfrentando una difícil oposición. Pablo, su mentor, escribió para estimular a Timoteo a negarse a ser intimidado y atemorizado. Tenía que recordar que Dios le había dado ya un poderoso recurso con que combatir su temor: el amor.

1. Todos los que creen tienen amor

Timoteo no fue la única persona a quién Dios le dio esta poderosa promesa. Dios le ha dado a *todo* creyente el recurso de su amor divino, y eso nos incluye a nosotros. Su amor "ha sido derramado en nuestros corazones por el Espíritu Santo" (Ro. 5:5).

Esta promesa de su eterno, incansable y omnipresente amor debe ser reconfortante para nosotros. Como pareja, han enfrentado (y enfrentarán) dificultades, persecución, enfermedades y finalmente, la muerte. Pero estas adversidades no deben provocarles temor ni arruinar la calidad de sus vidas y de su matrimonio. ¿Por qué? Porque nada (incluidas estas aflicciones) "nos podrá separar del amor de Dios, que es en Cristo Jesús Señor nuestro" (Ro. 8:39). No teman: ¡El amor de Dios está cerca!

2. El amor es un acto de la voluntad

Dios desea que usted libremente dé el amor de Él a otros, comenzando precisamente por su hogar y su matrimonio. La Biblia da por sentado que si usted ha recibido amor de Dios, usted querrá dar amor (1 Jn. 4:19). ¿Verdad? Pero al igual que los demás frutos del Espíritu (Gá. 5:22-23), amar a otros (¡incluso a tu pareja!) requiere de un acto de su voluntad. Es su decisión. La Palabra de Dios dice que usted debe...

- amar a su mujer (Col. 3:19)
- amar a sus enemigos (Lc. 6:27)
- amar a su prójimo (Stg. 2:8)
- amar a otros creyentes (1 P. 2:17)
- amarse unos a otros (1 Jn. 3:11)

Estimados esposo y esposa, escudriñen sus corazones. ¿Está allí la evidencia del amor de Dios? Recuerden: "Todo aquel que ama, es nacido de Dios, y conoce a Dios. El que no ama, no ha conocido a Dios; porque Dios es amor" (1 Jn. 4:7-8).

3. Amar es servir a Dios

Alguien preguntó una vez a Jesús cuál de los mandamientos de la Biblia era el más importante. ¿La respuesta de Jesús?

"Amarás al Señor tu Dios con todo tu corazón, y con toda tu alma, y con toda tu mente y con todas tus fuerzas" (Mr. 12:30).

¿Qué significa amar a Dios con todo tu corazón? Significa que solo servimos a un Señor, Dios mismo (Mt. 6:24). Nuestra devoción hacia nuestro Señor se manifestará en nuestro servicio a Él. ¡Imagínese el efecto de tal servicio a Dios inspirado en el amor! Verdaderamente pondría al mundo (¡y a su matrimonio!) de cabeza.

4. *Amar es servir a otros*

En aquella misma ocasión en que Jesús nos dio el más importante de los mandamientos, también añadió el segundo más importante: "Amarás a tu prójimo como a ti mismo" (Mr. 12:31). Cuando amamos a Dios con todo nuestro corazón, el amor de Dios no puede evitar desbordarse a la vida de otros. Con todo el amor que Dios nos ha dado, debemos servirnos los unos a los otros (Gá. 5:13). Y con seguridad ya sabe usted a quién servir primero, ¿verdad? ¡A su amado esposo o esposa!

Poner en acción el poder de Dios… en su matrimonio

¿Sabía usted que la profundidad de su vida espiritual se mide realmente por la profundidad de su amor? Si su primer amor es *usted* mismo, entonces su vida se centrará en la búsqueda de su propio placer, comodidad y bienestar. Usted solo pensará en *sus* metas personales, sus objetivos y su éxito. Dios y los demás quedan relegados entonces al asiento trasero, detrás de sus ambiciones.

Pero si usted hace suyo el amor de Dios que le ha sido prometido, entonces su vida se centrará en cosas completamente distintas. Se centrará en agradar a Dios y buscar el bienestar de los demás, especialmente el de su esposo o esposa.

No lo olvide: el amor es una decisión. Y seguir estos pasos le ayudará a decidir por el A-M-O-R.

A-cción: El amor es acción. Busque oportunidades de servir a los demás. ¿Qué puede hacer por su maravillosa compañera? ¿Sentarse y escucharla? ¿Echarle una mano? ¿Ofrézcase a ocuparse de las cosas mientras él o ella está descansando?

¿Y que tal aquellos que le rodean? ¿Necesita su vecino alguien que le cuide la casa mientras está de vacaciones? ¿Necesita alguien de tu iglesia que lo transporten los domingos por la mañana? Abre tus ojos y tu corazón... y haz algo. ¡Siga activamente al amor (1 Co. 14:1)!

M-eta: Poseer el amor es poseer una virtud increíblemente poderosa. El amor debe ser nuestra mayor meta (1 Co. 13:13). El amor es más grande que la fe y la esperanza. Solo un cristiano puede tener verdadero amor: amor de Dios. Es un tesoro que no se puede comprar con dinero. Es un tesoro que el mundo no puede crear. Es un tesoro que usted debe valorar y compartir con otros, comenzando por su esposa en casa y luego extendiéndolo a su familia y a la familia de Dios.

O-bediencia: El amor es un fruto del espíritu. Si usted no camina junto a Dios en obediencia, entonces el amor de Dios no puede llegar a otros a través de usted. Mantenga abierta la comunicación con Dios mediante la oración y una vida pura para que usted pueda ser un instrumento del amor de Dios para su pareja y para otros.

R-egocijo: El amor de Dios y el servir a otros le proporcionará el más grande regocijo. Jesús lo amó a usted y a nosotros tanto, que dio su vida "por el gozo puesto delante de él" (He. 12:2). ¡Amar a tu pareja le traerá a su vida la mayor alegría!

Para ella

Amar es algo que cada ser humano necesita y desea, incluido tu esposo. Así es que prodígale amor de todas las formas posibles: físicamente (las comidas que preparas), prácticamente (el cuidado de su ropa y el hogar), mentalmente (el estímulo y los elogios que le das), sexualmente (el "trato sexual entre casados") y espiritualmente (las oraciones que por él haces).

Muestra aprecio hacia tu esposo por sobre todas las demás personas. Él debe recibir las primicias de tu amor.

Obedece a Dios y tendrás todo el amor del mundo para dar a tu amado esposo. El amor te es dado en la exacta medida y es derramado en tu corazón por el Espíritu Santo. Así que, amada esposa, no tienes que encontrarlo, aprenderlo o armarlo, solo necesitas intentar andar en el Espíritu... y él se encargará del amor.

¿Existe algún vestigio de duda, resentimiento o áreas de pecado, obstinación o egoísmo que te impiden poseer el poder de Dios de amar a tu esposo? ¡Amar a tu esposo no tiene nada que ver con él, y todo que ver contigo y tu camino hacia Dios!

R egocíjate por cada minuto que Dios les da. ¡Uno nunca sabe qué tiempo pasarán juntos!

Para él

Ama a tu esposa incondicionalmente. Tu amor no puede tener un carácter de causa y efecto, con una actitud de "si ella hace esto, yo haré esto otro". El amor no guarda rencores (1 Co. 13:5). Es dar, sin esperar nada a cambio.

Muestra aprecio por las muchas y buenas cualidades de tu esposa. Ella se casó contigo, ¡así que le esperan muchas cosas buenas! Alábala con frecuencia, y alábala en público. Un esposo le dijo esto a su esposa frente a una ciudad entera: "Muchas mujeres hicieron el bien, mas tú sobrepasas a todas" (Pr. 31:29).

Organiza tus prioridades. A continuación de tu amor por Dios, debes amar a tu esposa. Ella debe ser tu más alta prioridad humana. "Por tanto, dejará el hombre a su padre y a su madre, y se unirá a su mujer" (Gn. 2:24). ¿Qué has hecho últimamente para que tu esposa sepa que ella es tu prioridad humana número uno?

Regocíjate con la mujer de tu juventud: Sexualmente, físicamente y como tu mejor amiga. Ella, y solo ella, será el amor de tu vida. Nunca dejes que tus ojos se aparten de su belleza (Pr. 5:15-19). Tu voto de amor a tu esposa fue un pacto hecho con Dios y con ella (Pr. 2:17. ¡Así que cúmplelo!

¡Señor, hazme un instrumento de tu paz!
Donde hay odio... déjame sembrar amor.
Donde hay agravio... perdón.
Donde hay dudas... fe.
Donde hay desesperación... esperanza.
Donde hay oscuridad... luz.
Donde hay tristeza... alegría.
—San Francisco de Asís

13
La promesa poderosa de Dios de...
paz

~

(abla Jim...) En varias ocasiones me he tropezado con esta historia. Y, como antiguo reservista del ejército, cada vez que escucho o leo acerca de ella, encuentro casi increíble la inusual cadena de acontecimientos ocurridos en una desolada isla de las Filipinas. Hoy, mientras revisaba aquellos increíbles detalles, solo pude sentir pena.

Parece que con el cierre del teatro de operaciones del Pacífico durante la II Guerra Mundial, todos los soldados japoneses se rindieron... excepto el teniente Hiroo Onoda y tres de sus hombres. Por alguna razón el teniente Onoda y su grupo nunca recibieron la orden de su oficial superior de rendirse. Por lo tanto, se negaban a creer que la guerra se había acabado.

Durante las siguientes tres décadas, Onoda y sus hombres evitaron ser capturados por el "enemigo". En sus mentes, aún estaban en guerra. Pero poco a poco e infaliblemente, a medida que pasaron los años, uno a uno, los hombres del teniente murieron o se rindieron... pero no Onoda.

¿Se imaginan el choque emocional que la familia de este soldado debe haber experimentado al ser informados de que él aún estaba vivo? Onoda finalmente se rindió, 30 años después de concluida la guerra, el 9 de marzo 1974, a la edad de 53 años, pero solamente después de que su antiguo comandante se encontrara con él y le leyera personalmente la orden de que toda actividad de combate debía cesar. Para Onoda, la guerra finalmente había terminado... ¡30 años después del fin de la guerra!

Descubrir la promesa

Hablemos ahora sobre ustedes dos, sobre sus vidas, tanto en pareja como individuales. ¿No han recibido aún el comunicado oficial? ¿Ha venido alguien hasta ustedes a repetirles el mensaje?

"¿Qué mensaje?" se preguntarán.

¡El mensaje de que la guerra ha terminado!

"¿Qué guerra?" dirán ustedes.

La guerra entre Dios y los pecadores.

¡Qué gran mensaje! Dios ya no está en guerra con ustedes ni nosotros. Nosotros "pecadores" podemos tener paz con Dios. (Y perdónennos, pero hemos asumido que ustedes se consideran pecadores también. Incluso el gran apóstol Pablo confesó ser él mismo un pecador. En realidad dijo: "Yo soy el *primero*" de los pecadores" (1 Ti. 1:15.)

Pero aunque todos somos pecadores, Dios ha hecho la paz con nosotros por medio de su hijo, nuestro Señor Jesucristo (Ro. 5:1). La guerra ha terminado. Y como estamos en *paz con Dios,* podemos entrar ahora en la poderosa promesa de Jesús de la *paz de Dios:*

> *La paz os dejo,*
> *mi paz os doy.*
> JUAN 14:27

Entender la promesa

¡Paz! Un corazón en descanso. Serenidad. Eso es lo que el mundo entero está buscando, ¿no es así? Ahora, la paz *mundana* se define como paz sin conflicto: *paz mundial.* Pero la *paz de Dios* es inmensamente diferente. La paz de Dios es tranquilidad… en toda, cualquier, y todo tipo de circunstancia.

¿Cómo puede disfrutar de este tipo de paz? ¡Siga leyendo!

1. La paz de Dios es alcanzable

Nuevamente, el mundo busca desesperadamente la paz: la paz sin conflicto. Las personas buscan la tranquilidad en la religión (¡con o sin meditación!), en la soledad (campos aislados y centros de retiro) y de incontables otras maneras (medicinas, encendiendo velas, escuchando música de relajación y cosas por el estilo).

Pero como hijo de Dios, usted no tiene que andar buscando la paz. Usted tiene ya la poderosa promesa de Dios de paz. Usted ya posee el "secreto" para la confiada seguridad… no importa en qué. Jesús te ofrece este tipo de paz: Su paz. Él dice: "La paz os dejo, mi paz os doy". Sí, Jesús te está ofreciendo su paz: la paz de Dios. Pero a menos que usted acepte el ofrecimiento y lo aplique o lo use, no servirá de nada. Por ejemplo...

Supongamos que alguien les da un millón de dólares. Ustedes entonces esconden ese dinero en su colchón o en un recipiente de la cocina y lo dejan ahí. ¿Les servirá así ese dinero de algo? ¿Mejorará sus vidas o su matrimonio? ¿Los alimentará a ustedes o a su familia? ¿Pagará sus deudas? ¿Ayudará a otros? ¡Claro que no! Ustedes tienen que usar ese dinero para que sirva de algo. Y lo mismo sucede con la promesa de Dios de paz: ustedes tienen que usarla. Allí está, pero ustedes tienen que aplicarla a su vida y a su matrimonio.

2. La paz de Dios llega con la confianza

Increíblemente, la Biblia nos dice que "por nada estéis afanosos". ¿Qué hacemos entonces? "sean conocidas vuestras peticiones delante de Dios en toda oración y ruego, con acción de gracias" (Fil. 4:6). En otras palabras, usted debe *confiar* en Dios en cualquier circunstancia, con "algo" y con "todo", ¡y aun con "nada"!

¿Y el resultado? "la paz de Dios, que sobrepasa todo entendimiento, guardará vuestros corazones y vuestros pensamientos en Cristo Jesús" (v. 7). Esa es la promesa de Dios, pero usted puede escoger no confiar en Dios, usted puede escoger continuar ansioso y preocupado. Es su decisión. Y créanos, ¡su decisión influirá en su relación matrimonial y en el ambiente de su vida hogareña!

Los 12 discípulos de Jesús, a pesar de lo cerca que estuvieron de Jesús, el Príncipe de Paz, tuvieron que *aprender* que la paz nace de la confianza (Lc. 8:22-25). He aquí la escena: Una fuerte tormenta rugía sobre el mar de Galilea. Los discípulos remaban en su bote desesperadamente, tratando de alcanzar la costa. Mientras ellos se afanaban, Jesús dormía en el bote.

Llenos de pánico, despertaron a Jesús y gritaron en medio del ulular del viento: "¡Maestro, Maestro, que perecemos!"

Mientras las olas chocaban contra los lados y dentro del bote, Jesús serenamente reprendió al viento y a las violentas aguas. Luego le preguntó a sus hombres: "¿Dónde está vuestra fe?" (vv. 24-25). En otras palabras, ¿dónde está su confianza en la capacidad de Dios para protegerlos y cuidar de ustedes?

Amada pareja, Dios les está haciendo (¡también a nosotros!) la misma pregunta: "¿Dónde está vuestra fe? ¿Dónde está vuestra confianza?" Si alguno de ustedes está afanoso por algo, un trabajo o la falta de uno, su hijos o la falta de ellos, su futuro, su salud (¡bueno, ya usted conoce la lista de las preocupaciones de este mundo!), únanse y trabajen juntos para dejarle esas perturbadoras preocupaciones a Dios. Confíen en su capacidad de ayudar. Y luego disfruten y experimenten la promesa de Dios de paz sosegadora. ¡Qué gran diferencia notarán!

3. La paz de Dios viene con la obediencia

Aunque ninguno de los dos ni siquiera estamos cerca de la tumba (¡al menos, eso pensamos!), el Salmo 23 ("Jehová es mi pastor...") es uno de los favoritos de todos. De hecho, hemos escrito dos libros sobre este salmo que ministra paz a todas las personas.[22] Hace pensar en ovejas descansando en verdes y ondulantes colinas, deleitándose en la presencia y bajo la protección de su buen pastor. Este salmo tranquilo y pastoral fue escrito por David, rey de Israel, que también fue pastor. Es la imagen perfecta de la paz perfecta de Dios.

Ahora compare este salmo y su tranquila escena con este otro salmo tormentoso escrito por David algunos años después: "Mi cuerpo se consumió con mi gemir durante todo el día... mi vitalidad se desvanecía con el calor del verano" (Sal. 32:3-4, LBLA).

"David", preguntamos, "¿qué fue de tu paz?"

Entonces David confiesa: "Callé *mi pecado*" (v. 3, LBLA).

"Bueno, ¿y cómo te enfrentaste a este desconcierto, David? ¿Cómo lograste recuperar la paz de Dios en tu corazón?"

Entonces David explica: "...manifesté mi pecado [a Dios], y no encubrí mi iniquidad. Dije: Confesaré mis transgresiones al SEÑOR" (v. 5, LBLA).

Observe ahora cómo cambió la actitud de David como resultado de su obediencia a las Escrituras y la confesión de su pecado: "*Alegraos* en el SEÑOR y *regocijaos*, justos; dad voces de *júbilo*, todos los rectos de corazón" (v. 11, LBLA).

¿No siente usted el júbilo y la paz que volvió al alma de David? ¿Y no se siente agradecido de que esa misma sensación de paz la puede sentir usted y la puede conseguir en su matrimonio cuando, como pareja, cada uno trate de recordar la promesa poderosa de paz de Dios?

Poner en acción el poder de Dios... en su matrimonio

Es un hecho: Uno *tiene* paz con Dios a través de Jesucristo. ¡La guerra se acabó! La muerte de Cristo a favor de ustedes es una realidad establecida. Esto deberá poder calmar todos los mares tempestuosos que los dos deberán navegar...todos los días y por siempre.

Pero ahora viene la difícil tarea de vivir la paz de Dios *en* la vida de ustedes. La paz en sus corazones es igual a la paz en el hogar. Jesús prometió dejar su paz con ustedes, y así lo hizo. Por lo tanto, tómenle la Palabra a Dios. Apliquen su promesa poderosa de paz a su vida diaria.

¿Cuáles son los problemas que más preocupación les causan? (O dicho de otra forma, ¿qué cosas motivan que ustedes discutan?) ¿Cuáles son los problemas que los están privando a ustedes de uno de los más grandes dones de Dios hacia usted y su matrimonio: Su paz?

Este tema lo trataremos con más profundidad en las secciones "Para ella" y "Para él", pero por el momento…

✓ *Recuerde:* ¡Dios le prometió paz, y punto! Es suya si la quiere. Luego, la elección está en sus manos. ¿Usted desea seguir preocupándose y angustiándose? ¿O desea un cambio? ¿Quiere usted permitir que la paz de Dios invada su corazón y su matrimonio?

✓ *Responda:* Siéntense y conversen sobre el tipo de relación que ustedes tienen. ¿Es una relación de paz o de pánico? ¿Todo es un problema, un volcán en erupción, pasto para la próxima discusión? ¿Andan pisando huevos cuando están juntos? ¿Alguno de los dos es una tormenta ambulante?

Entonces cambien las cosas…dejen de preocuparse… y dejen de discutir. Ustedes sentirán la paz de Dios al orar juntos y por separado. Pongan sus preocupaciones y temores en las poderosas y capaces manos de Dios. Pídanle que fortalezca su fe a través de la capacidad de Dios de ayudarlos a superar sus problemas. Pídanle que borre cualquier ira que alguno de los dos pueda tener. Pídanle ayuda para revertir las cosas a fin de que, como pareja, honren y glorifiquen a Dios por mostrar su paz en todas las situaciones. ¡Pregúntenle ahora mismo!

Para ella

Aún le doy gracias a Dios por la sabia mujer cristiana que me dio a conocer este "principio de paz". Lo he usado para guiar mis actividades domésticas durante las tres últimas décadas y con mucho gusto te lo paso a ti:

La esposa debe ser el termostato

en el hogar,

no el termómetro.

En otras palabras, amada esposa y compañera, *tú,* en general, eres la responsable de establecer y mantener el ambiente en la casa. Dicho de otra manera, no seas un reactor, no siembres el pánico. No dejes que las emociones te dominen; fluctuando, cambiando, subiendo y bajando.

Cuánta bendición le proporcionas a tu esposo cuando le das un hogar apacible (¡no digamos ya una esposa apacible!) Cuando buscas en Dios su paz, cuando caminas con Él en paz y cuando su paz guía tu corazón y tu mente, eso influye en ti, en tu hogar y en tu esposo.

Así que ten como meta diaria entregarle tus ansiedades y aflicciones al Señor a través de la oración. Entonces, proponte hacer uso de la promesa poderosa de paz de Dios cada vez que la tierra tiembla o cuando se produce una crisis.

Para él

Amigo mío, ¿cuáles son algunos de los temores y preocupaciones que te está privando a ti y a tu matrimonio de vida, vitalidad y paz?

Yo sé que para mí (y para muchos hombres con los que converso y me comunico), la tarea de *mantener a la familia* siempre asusta. Siempre parece haber más días en el mes que dinero en el bolsillo.

Entonces, ¿qué puedes hacer? ¡Orar! ¡Orar todos los días! Orar en serio. Orar por la paz de Dios. Y pídele a tu esposa que se sume a ti al orar. (¡Mejores son dos que uno!) Después, analiza el empleo que tienes. ¿Cómo pudieras prosperar, ascender, obtener un aumento de sueldo? ¿Necesitas seguir estudiando? ¿Puedes pedirle a tu jefe que evalúe tu desarrollo conjuntamente contigo? ¿Necesitas buscar un trabajo mejor remunerado? No te preocupes por la tarea de proveer; al contrario, ora. Pídele a Dios un plan y luego procede.

Otro motivo de gran preocupación parece ser el de las *prioridades*. Estoy seguro de que tú no andas por ahí pensando: *¿Cómo puedo desatender a mi esposa hoy?* Pero con la carga del trabajo y de mantener a la familia, es fácil desatender a la persona más importante del mundo. Amigo, *tú* eres el que determina cuáles son tus prioridades. Si tu esposa es importante, entonces deberás encontrar tiempo para dedicárselo a ella.

El mayor poder no utilizado en el mundo
es el Espíritu Santo del Dios viviente.[23]

14

La promesa poderosa de Dios de...
poder

~

A los dos nos encantan los relatos de la Biblia sobre dos "parejas poderosas" de Dios. La primera pareja es Zacarías y Elisabet. No hay duda de que fueron una pareja excepcional, pero para nosotros tienen una significación especial porque sus vidas nos han proporcionado lo que llamamos nuestro versículo "de pareja" para toda la vida. En Lucas 1:6 ahí Dios describió a Zacarías y a Elisabet de esta manera: "Ambos eran justos delante de Dios, y andaban irreprensibles en todos los mandamientos y ordenanzas del Señor".

¿Ven por qué lo convertimos en "nuestro" versículo? ¡Esperamos que ustedes también lo adopten como su versículo "de pareja"! Nos ha dado a cada uno de nosotros, y a los dos como pareja, un parámetro al cual aspirar todos los días. Según la terminología actual, podríamos decir que Lucas 1:6 es nuestra declaración de objetivos.

Pero existe un segundo "equipo poderoso" que encabezaría nuestra lista de "parejas a imitar". Se llaman

Aquila y Priscila y su historia pueden leerla en tres capítulos diferentes de la Biblia.[24] Ellos fueron una extraordinaria pareja que disfrutaron de una extraordinaria relación entre sí y tuvieron un extraordinario ministerio para con el pueblo de Dios. ¡Ellos eran la personificación de un servicio poderoso! Juntos, Aquila y Priscila...

- abrieron su hogar a la formación de iglesias en dos ciudades diferentes,

- invitaron a misioneros, incluso al apóstol Pablo, a quedarse con ellos en su casa,

- trabajaron hombro con hombro en servicio y ministerio, y

- siguieron adelante sirviendo intrépidamente a Dios y su pueblo, incluso ante la persecución.

Sí, así es, su poderoso servicio a varias de las primeras iglesias originó una gran persecución y peligro para ellos. Pablo escribió sobre estas dos personas audaces en su epístola a la iglesia en Roma (que, por cierto, ¡se conocieron en la casa de esta pareja!): "Saludad a Priscila y a Aquila, mis colaboradores en Cristo Jesús, que expusieron su vida por mí; a los cuales no solo yo doy gracias, sino también todas las iglesias de los gentiles" (Ro. 16:3-4).

¿Dónde obtuvo esta pareja dinámica su poder para el servicio? Sigamos leyendo para descubrir su secreto.

Descubrir la promesa

Retrocedan con nosotros un momento alrededor de 30 años, a los inicios del movimiento cristiano en el antiguo Israel. Jesucristo había resucitado y estaba a punto de regresar a la diestra del Padre. Pero antes de partir de la tierra, Él le encargó a sus seguidores: "Haced discípulos a todas las naciones" (Mt. 28:19). ¿Cómo podrían estas personas sin preparación y educación llevar a cabo este ministerio mundial?

A ellos, junto a todos los discípulos que los siguieran —como Priscila y Aquila, ¡y ustedes dos!— se les otorgarían poderes para el ministerio. He aquí la promesa de Cristo:

> *Recibiréis poder*
> *cuando haya venido sobre vosotros*
> *el Espíritu Santo.*
> Hechos 1:8

Y amigos, igual que con los discípulos —y así como con Priscila y Aquila— Dios nunca nos pide que hagamos algo para Él sin que Él suministre todos los recursos que necesitamos para triunfar.

Entender la promesa

A medida que empezamos a considerar esta promesa de poder, debemos comprender que Jesús no les prometió a sus discípulos —ni a ustedes ni a nosotros— *puestos terrenales* de poder y autoridad. Eso es lo que la gente del mundo busca: Puestos de poder por medio de los cuales pueden gobernar a otros. Pero la promesa de Jesús a sus seguidores en aquel entonces, y a ustedes y a nosotros hoy, es la promesa de poder con *fines espirituales*. Tal poder tiene cualidades únicas.

1. El poder de Dios proviene del Espíritu Santo

El poder que promueve el mundo es un poder generado por la fuerza o la belleza personal, la inteligencia superior o la hábil manipulación. Pero el poder que Jesús les ofreció a sus discípulos —y nos promete a nosotros también— es el poder del ministerio intrínseco y orientador del Espíritu Santo, "cuando haya venido sobre vosotros el Espíritu Santo".

En el Antiguo Testamento, el Espíritu Santo otorgó poderes a un pequeño número de ciertos individuos, tales como Moisés y David, entre otros, para fines específicos. Pero a partir del Nuevo Testamento, el Espíritu Santo ha entrado en la vida de *todos* los seguidores de Cristo, y está en nosotros para quedarse. Esto significa que la entrega de su poder está a disposición de usted para toda la vida; para un ministerio, para un matrimonio que honra a Dios, ¡en todo momento!

2. El poder de Dios llega en la salvación

Los discípulos recibieron su poder el día de Pentecostés, cuando "fueron todos llenos del Espíritu Santo" (Hch. 2:4). Usted recibió ese mismo poder cuando puso su fe y su confianza en Jesucristo (1 Co. 1:21-22). Luego, usted no necesita pedir poder o más poder del que tiene. En la salvación, usted recibió todo el poder que podrá necesitar. Solo tiene que usarlo a su favor andando en obediencia, andando en el Espíritu (Gá. 5:16).

3. El poder de Dios deberá utilizarse para ser testigo

Jesús prometió que los discípulos recibirían poder para una tarea específica. Él dijo: "Recibiréis poder...y me seréis testigos". Después de la venida del Espíritu Santo, a los seguidores de Jesús se les otorgó poder para decirles a los demás lo que habían visto y escuchado mientras estuvieron con Jesús.

A nosotros también se nos ha entregado poder para ser testigos de Jesús. Nosotros también debemos decirles a los demás lo que hemos visto, escuchado y aprendido a través de la Palabra del Señor acerca de Jesucristo y lo que hemos experimentado en nuestra relación con Él. ¿Qué nos permite realizar este poder de testigo y ministerio? Nos da…

- ∽ la convicción de hablar a favor de Cristo,

- ∽ el coraje de defender a Cristo,

- ∽ la confianza de hablar sobre Cristo, y

- ∽ la capacidad de hablar por Cristo.

4. *El poder de Dios se perfecciona en la debilidad*

Otro versículo favorito que nos encanta y en el cual nos inspiramos (¡todos los días!) como pareja es 2 Corintios 12:9: "Bástate mi gracia; porque mi poder se perfecciona en la debilidad". ¿Usted quiere el poder de Dios en su vida, en su matrimonio, y para sus batallas? Si es así, ¡deje de hacer las cosas usando su propia fuerza! Renuncie a sus lastimosos esfuerzos humanos. En vez de eso, recurra a Dios en busca de su fortaleza única. Cambie sus debilidades por el poder de Dios.

5. *El poder de Dios es para dar servicio*

¿De dónde, nos preguntamos, sacaron Aquila y Priscila el asombroso poder que su enérgico y trascendental ministerio requería? La respuesta: del Espíritu Santo. Los cristianos han recibido "dones espirituales", facultades divinas que serán usadas "para el bien común" (1 Co. 12:7, LBLA). Esta capacidad sobrenatural nos permite servir a Dios a su pueblo con un poder sostenido. Aquila y su esposa fueron una pareja igual que ustedes dos. Pero con el otorgamiento de poder por parte de Dios, ejercieron un increíble ministerio como pareja.

*P*oner en acción el poder de Dios... en su matrimonio

✓ *Comprenda* la importancia que tiene vivir una vida llena del Espíritu, y que incluye la vida que usted lleva en el hogar, juntos como pareja. El Espíritu Santo les da poder a los creyentes obedientes. Así que mantenga el control sobre su relación matrimonial. Proteja su matrimonio contra el pecado y vigile la forma en que ustedes se comunican y se tratan. Y cuando se equivoque, ¡rápidamente arréglese con Dios (confiese su pecado) y con su cónyuge (pida perdón)!

✓ *Confíe* en el poder intrínseco y orientador del Espíritu Santo en su vida. Nunca lo abandonará. Y su poder está a disposición de usted en todo momento... y para siempre... y para nuevas funciones (¡incluso las de esposo y esposa!) Cuando la vida se vuelve dura... o peliaguda... o comienza a desmoronarse, pídale ayuda a Dios. Confíe en su poder en los momentos difíciles.

✓ *Recuerde* por qué el poder de Dios le fue entregado a usted. Usted será un testigo de Él. Si su cónyuge es cristiano o cristiana, juntos podrán ser testigos ante otras personas. Pero si ella o él no lo es, concéntrese en ser el "Mejor Cónyuge del Mundo". Eso dirá mucho y quizás le dé a usted la oportunidad de compartir lo que *usted* ha visto, escuchado y aprendido sobre Jesucristo. No se preocupe, Dios le facilitará su sabiduría, lo conducirá hacia su perfecto sentido de la oportunidad y le dará su poder a usted para vivir conforme a las circunstancias y compartir con su ser amado.

✓ *Relájese* al saber que Dios le ha dado su poder para un ministerio. Cualquiera que sea ese ministerio, Él los preparará, como individuos y como pareja, para servirlo a Él y su pueblo. Qué bendición serán ustedes para otras personas, ¡igual que Aquila y Priscila! Así que, como dijimos, ¡relájese! Mientras menos trate de usar sus propias capacidades, más poder de Dios habrá, así como sus capacidades ilimitadas.

✓ *Responda* al llamado de Dios de servir. La Iglesia, el cuerpo de Jesucristo, necesita que cada uno de nosotros sirva como individuos, y también como parejas. Ore acerca de cómo ustedes dos pueden responder al llamado de Dios.

Para ella

Mi esposo le va a preguntar a tu esposo: "¿Estás participando?" respecto al ministerio en la iglesia. Entonces yo preguntaré: "¿Estás participando tú?" De no ser así, ¿por qué no? Y de ser así, ¡muy bien!

Cuando al ministerio se refiere, tú como esposa debes estar alerta contra varias situaciones. Primero, ¿tu esposo quiere servir? De ser así, ¡únete a él sin reservas! Sigue los nobles pasos de Zacarías y Elisabet, y Aquila y Priscila.

Después, si tú eres la única de la pareja que brinda su servicio, ¡cuidado! Quizás estés tan enfrascada y tan comprometida que cuando tu esposo ve todo el ajetreo y la agitación (¡que probablemente ya también invadió el hogar!), dice: "No, gracias, ¡eso no es para mí! No quiero tener que ver nada con eso. Además, nunca pudiera mantenerme al nivel de mi esposa". Si es así, detente. Ora y pídele a Dios que te muestre el ministerio en que pudieras invertir mejor el tiempo.

Finalmente, ¿tu esposo no es cristiano? Amada, ¡esto requiere de tu mayor esfuerzo! Debes orar... por él, por su salvación, por tu tierno y amoroso cuidado. Tu esposo es a la primera persona que Dios quiere que le ofrezcas tu ministerio y tu servicio. Hay muchos ministerios que puedes realizar desde el hogar. Solo recuerda: ¡no des a otros lo que no has dado primero en el hogar!

Para él

Espero que te sientas tan estimulado como yo con la vida de Priscila y Aquila. Es fascinante ver lo que Dios puede hacer con una pareja que quiere entregarse en cuerpo y alma completamente para servir a los demás.

¿Ya estás participando? ¿Estás siendo testigo en el trabajo, sirviendo en la iglesia y quizás, hasta ministrando con tu esposa, como pareja? A ti te digo: "¡Sigue sin parar!" Que Dios continúe manifestando su poder en ti y a través de ti.

¿O no estás totalmente decidido a enfrascarte en la iglesia? ¿Crees que tu trabajo te exige tanto que ya eso es "ministerio" suficiente? A ti te digo: "¡Sube un nivel!" Que Dios te muestre tu necesidad de servirle a su pueblo.

O quizás sepas que no eres cristiano. ¡Está bien! No dejes de visitar la iglesia con tu esposa. Por ti oro: "¡Abre tu corazón a Jesús!"

Y ahora volvamos a nuestro "versículo de pareja": Tanto Zacarías como Elisabet "eran justos delante de Dios, y andaban irreprensibles en todos los mandamientos y ordenanzas del Señor". ¿Qué medidas pueden tú y tu esposa tomar para adoptar este versículo como declaración de objetivos? Conversen entre ustedes, oren juntos y juntos busquen en Dios su poder.

Si existe un Dios,
dicen los eruditos,
está a millones
de años luz.

No soy científico,
pero una cosa sí sé:
el Señor va conmigo
a todas partes.[25]

15
La promesa poderosa de Dios de...
presencia

~

abla Jim!) No creo haber dicho en ninguno de mis libros que soy hijo único (a diferencia de Elizabeth que tiene tres hermanos). Esto tenía sus ventajas para mí. No tenía que compartir los juguetes con ningún hermano o hermana. Tampoco tenía que compartir el amor de mis padres con otros hermanos. Era más o menos el centro de atención. Pero todos los días había un problema: ¡No tenia con quién jugar! Por eso, siempre estaba tratando de hacer amistades y buscar compañeros de juego.

A muy pocas personas de este mundo les gusta estar solas. ¡Y eso es bíblico! Dios nos creó, tanto a los hombres como a las mujeres, para que fuéramos seres sociales. Dios sabía desde el comienzo del mundo que el hombre necesitaba compañía. Fue Dios el que observó esto y dijo: "No es bueno que el hombre esté solo; le haré ayuda idónea para él" (Gn. 2:18). ¡Y se hizo! Dios creó a Eva, se la dio a Adán y los dos se convirtieron en la primera pareja de casados.

Suponemos que usted es casado o casada si está leyendo este libro, *Promesas poderosas para toda pareja*. Probablemente también tenga amigos de él y de ella, así como amigos de la pareja. Y como miembro de una iglesia, tiene el cuerpo, otros miembros que marchan junto a usted, codo con codo, en las buenas y en las malas. Pero cuando Dios dijo: "No es bueno que el hombre esté solo", puede que haya estado pensando más allá del aspecto humano del matrimonio y de otras relaciones importantes del reino espiritual.

Descubrir la promesa de Dios

Dios le prometió a su pueblo una y otra vez en la Biblia que, independientemente de que tuvieran a otra persona a su alrededor, de todas maneras lo tendrían a Él —su presencia— con ellos...en todo momento, no importa lo que estuviera sucediendo, dónde estuvieran o lo que estaban enfrentando. Una de las promesas poderosas de Dios de su presencia le fue dada a Josué, su siervo:

> *No temas ni desmayes,*
> *porque Jehová tu Dios estará contigo*
> *en dondequiera que vayas.*
> Josué 1:9

Ya conocimos a Josué en este libro y de nuevo este hombre maravilloso se mostrará ante nosotros. Pero por ahora, recuerde que él fue el líder de Israel en la conquista de la Tierra Prometida. A Josué se le garantizó el éxito en el derrocamiento de los infieles si hacía determinadas cosas, tales como obedecer a Dios y cumplir su Palabra tal como se revela en el libro de la ley (v. 8).

Pero Dios alentaría más a Josué. Dios le dio a Josué la promesa poderosa explicada más arriba. Dios le prometió que *Él* estaría con Josué durante toda la campaña de conquista de la tierra ¡y más aún! En otras palabras, Dios estaría junto a Josué toda la vida.

¡Qué promesa! Ya no importaba lo que pudiera pasar, ni quién estaría con Josué, ni que tuviera que quedarse solo. ¿Por qué? Porque Dios estaría allí.

Entender la promesa de Dios

Ahora bien, quizás usted esté leyendo y pensando: *pero ese es el Antiguo Testamento. Dios dijo que Él estaría con Josué, pero esa promesa, ¿es aplicable a mí también? ¿Y qué tiene que ver esto con nosotros como pareja? ¡Al final de cuentas, mi amorcito está aquí a mi lado!*

1. La presencia de Dios es para usted

¡Sí, queridos amigos! La promesa de Dios de su presencia también es aplicable a usted. ¿Cómo lo sabemos? Bueno, la razón principal es que Jesús les dijo lo mismo a sus seguidores en el Nuevo Testamento: "Y he aquí, yo estoy con vosotros todos los días, hasta el fin del mundo" (Mt. 28:20). Jesús le hizo la promesa a sus discípulos, pero sabemos que estamos incluidos en esa promesa porque Él añadió: "...hasta el fin del mundo".

Esa es la promesa que nosotros los cristianos podemos reclamar como individuos o como parejas. Dios estará con nosotros durante toda la vida. Y todos sabemos que ninguno de nosotros puede declarar algo así al cónyuge. El cónyuge puede morir y dejarnos, pero Dios siempre estará con nosotros... incluso a través de momentos tan difíciles y la etapa posterior. ¡Qué promesa más poderosa y reconfortante!

2. La presencia de Dios es real

Quizás, meditando, el salmista se preguntó: "¿A dónde me iré de tu Espíritu? ¿Y a dónde huiré de tu presencia?" (Sal. 139:7). Entonces, el escritor hizo una relación de todos los lugares adonde pudiera ir... ¡pero no sin el conocimiento y la presencia de Dios! Mencionó lugares como lo más alto del cielo, las profundidades del mar, los confines de la tierra, incluso la oscuridad absoluta. Sin embargo, el poeta finalmente reconoce que Dios estaría con él en esos lugares inaccesibles. Finalmente, tuvo que concluir y reconocer la presencia de Dios adondequiera que él fuera.

(¡Habla Elizabeth!) La verdad de la presencia de Dios me trajo un gran consuelo dos veces estando lejos de Jim. Una vez fue cuando el vuelo regular que me llevaba a casa fue desviado repentinamente debido a una tormenta de nieve. No tenía manera de hacerle saber a Jim lo que había sucedido. Recuerdo estar sentada en el avión orando: "Dios, ni una sola persona en el mundo sabe dónde estoy". Entonces recordé la presencia de Dios y añadí: "¡Pero tú sí!" Su presencia me tranquilizó cuando estuve "perdida en el espacio" y sola... ¡o más bien, eso fue lo que inicialmente pensé erróneamente!

La segunda ocasión fue cuando me operé. Me llevaron al salón preoperatorio acompañada por Jim. Allí, oró por mí y conmigo. Jim estuvo presente durante todos los preparativos hasta que llegó el momento en que me llevaron al salón de operaciones... y no le permitieron entrar conmigo.

Lo único que podía hacer era permanecer acostada, indefensa, y orar: "Señor, aunque ande en valle de sombra de muerte (¡no sé lo que pueda encontrar el cirujano!), y aunque esté entrando en lo desconocido (nunca me había operado antes… ¡ni siquiera había estado ingresada en un hospital!), y aunque me estén poniendo anestesia (¡y puede que nunca más despierte para ver a Jim!), ¡tú estarás conmigo!"

¿Y saben qué? Estaba allí… ¡y está! Cuando su esposo o esposa no puede estar con usted, Dios sí puede… ¡y está!

3. La presencia de Dios es algo bueno

Dios describió al rey David como un "varón conforme a mi corazón" (Hch. 13:22). Evidentemente, David tenía muchas cualidades valiosas. Una de ellas era su pasión por estar en presencia de Dios. Vea cómo él expresa su deseo:

> Una cosa he pedido al SEÑOR, y ésa buscaré: que
> habite yo en la casa del SEÑOR todos los días de
> mi vida, para contemplar la hermosura del SEÑOR,
> y para meditar en su templo (Sal. 27:4, LBLA).

Lamentablemente, esa no es la pasión principal de muchos cristianos o de muchas parejas cristianas. En vez de invertir el tiempo buscando a Dios y deseando vivir en su presencia a cada momento, son como Adán y Eva. (¡Estamos seguros que ustedes conocen la historia!) Al principio, Adán y Eva caminaban junto a Dios al aire del día, pero cuando pecaron, "se escondieron de la presencia del Señor Dios entre los árboles del huerto" (Gn. 3:8). Su pecado alteró la relación que habían tenido con Dios.

Amado hermano y hermana, el pecado puede hacer lo mismo a ustedes y nosotros. Si cualquiera de ustedes siente que su relación con Dios está un poco distante, confiéseselo a Dios. Ponga de su parte para cerrar la brecha y deléitese de nuevo en la verdad de la presencia de Dios en su vida.

4. *La presencia de Dios es un consuelo*

Si usted es como nosotros (¡y probablemente como todos los demás!), usted a veces desea que usted y su esposa pudieran evitar el dolor, las penas, la pérdida, los pesares, el fracaso y muchas otras dificultades. Usted hasta desea poder eliminar de su vida esas pequeñas y diarias frustraciones que lo agotan a usted o a los dos. Pero oiga cómo Dios viene en su ayuda en los momentos difíciles:

> Claman los justos, y el SEÑOR los oye, y los libra
> de todas sus angustias. Cercano está el SEÑOR a
> los quebrantados de corazón, y salva a los abatidos
> de espíritu. Muchas son las aflicciones del justo,
> pero de todas ellas lo libra el SEÑOR (Sal. 34:17-
> 19, LBLA).

¿Entendieron todo eso? Dios promete ser una fuente de poder, valor y fuerza y ayudarnos, como individuos y como parejas, a superar los problemas. En otras ocasiones, Él nos da fuerzas para resistir los problemas. De cualquier forma, ¡su presencia está con nosotros!

Luego, cuando choquemos con dificultades (¡que sin duda sucederá!), no se disguste ni se sienta descontento con Dios... ¡o uno con el otro! Al contrario, déle las gracias de que Él está con usted. Reconozca que necesita a Dios a su lado para ayudarlo en los momentos difíciles. ¡Clame por Él! ¡Corra hacia Él! ¡Aférrese a Él! Cuente con su presencia. Queridos hermanos, por muy mala que se ponga la situación, el Señor está con ustedes y el Señor está con nosotros. Él siempre está con sus hijos.

Poner en acción el poder de Dios… en su matrimonio

Josué es una persona y el salmista es otra. Pero, *¿y usted…y ustedes dos?* ¿Ha pensado mucho en la constante y perdurable presencia de Dios con *usted,* en *su* casa, en *sus* dificultades? Cuando lo haga, influirá positivamente en su vida y en su fe en Dios…lo que, por supuesto, influirá positivamente en su matrimonio. ¿Cómo?

✓ *Cuando están separados,* es tentador preocuparse por el esposo o esposa. Pero, amados míos, hemos estado machacando sobre una verdad clave a través de todo este capítulo. Usted puede —¡y debe!— confiar mutuamente en la presencia de Dios. Cuando el esposo no está, la esposa debe confiar en la presencia de Dios con ella y con él. Y lo mismo es válido para el esposo. Cuando ustedes están separados, deben confiar en la presencia de Dios con cada uno de ustedes.

✓ *Cuando están juntos,* es tentador apoyarse uno en el otro. Cuando su gran amor está ahí mismo a su lado, puede haber ocasiones en que usted realmente ni recuerde ni piense en la presencia de Dios. Después de todo, ¡se tienen uno al otro! Se despiertan juntos, se pueden llamar por teléfono o enviar un correo electrónico en cualquier momento del día.

Pero el hecho de la presencia de Dios, debe arraigarse en su vida como pareja. Deben hablar de Dios cuando están juntos. Deben proponerse insertar su nombre en las conversaciones entre ustedes. Deben de hacer referencia a Él con frecuencia... ¡con cada aliento!

Les explicaré cómo nosotros practicamos la presencia de Dios como pareja. Cuando recibimos el cheque del sueldo, antes de abrirlo, oramos. Cuando recibimos una carta o colgamos el teléfono después de haber hablado con alguien sobre un problema, oramos. Cuando subimos a un auto o a un avión, oramos. Cuando comemos, oramos. Cuando estamos tristes, oramos... contentos, oramos... temerosos, oramos... necesitados, oramos.

Sí, pudiera parecer que esto se trata de orar, pero ¿por qué oramos? Porque creemos que Dios está con nosotros, oyéndonos hablar y orar. Y debido a que nosotros como pareja estamos constantemente perfeccionando nuestra percepción de la presencia de Dios, tendemos, automáticamente, a incluirlo a Él en todo. Es que no somos solamente nosotros dos: ¡Somos nosotros tres!

> Cristo es la cabeza de [nuestra] casa,
> el invitado invisible en cada comida,
> el oyente silencioso en cada conversación.[26]

Amigos, el pequeño versículo que aparece al principio de este capítulo (pero con los pronombres cambiados) afirma: "pero una cosa sabemos, el Señor está con nosotros adondequiera que vayamos". Y nosotros añadiríamos: "¡y por cualquier situación que pudiéramos *atravesar*!"

Para ella

Como yo ministro a mujeres diariamente, he visto surgir la soledad como un problema que la mayoría de las esposas enfrentan. Aunque haya niños en la casa, se siguen sintiendo como si estuvieran solas. Los esposos están ausentes buena parte del tiempo, trabajando mucho, asistiendo a clases nocturnas, de maniobras con el ejército. Independientemente del entorno, inclusive cuando la familia está cerca, se sienten solas.

Amada esposa, en tu vida de casada, estarás sola muchas veces. Eso es un hecho. Pasarás días sola. Pasarás noches sola. Y he aquí un recordatorio de la realidad: estadísticamente hablando, también tendrás que pasar años, quizás hasta décadas, sola como viuda.

Te pido encarecidamente que desarrolles una relación con Dios ya. ¡Hoy mismo! Ora por lograr un conocimiento —y sentido— poderoso de la presencia de Dios y cultívalo. (Recuerda el punto 2: "La presencia de Dios es real".) Entonces, cuando estés sola físicamente, te darás cuenta de que nunca estás sola.

Y tengo más buenas noticias sobre otro problema en la vida de la mayoría de las mujeres: El "factor miedo". Cuando estás sola, ya sea en una ciudad cargada de delincuencia o a dieciséis kilómetros de distancia del vecino más cercano, aun allí —y entonces— no estás sola. La presencia de Dios es real. Dios está allí, contigo, para ti, y para reconfortarte y darte ánimo.

Para él

¿No te has percatado aún de que todos los días cuando sales de la casa para ir a trabajar o tomar un avión en viaje de negocios, puedes irte sabiendo que Dios ha prometido su presencia con tu esposa? La presencia de Dios es una fuente de consuelo para ella durante tu ausencia. Cuando no estés en casa, ora por tu esposa y por su seguridad, sabiendo que Dios está allí con tu amada, para guiar y proteger.

¿Por qué no te detienes a darle las gracias a Dios por su presencia con tu esposa, esté ella junto a ti a tu lado o a miles de kilómetros de distancia? Dios está con ella adondequiera que ella va y en todo lo que hace.

La presencia de Dios también es de gran beneficio a ti personalmente. Como Josué ayer, todos los días te enfrentas a una gran lucha. El mundo fuera del hogar es un lugar peligroso para los cristianos. Tú, como esposo que desea vivir una vida devota, entablarás una batalla espiritual a diario. ¡Créelo! Saber que Dios está contigo adondequiera que vayas y ante cualquiera dificultad con la que te tropieces, te permite ser "fuerte y valiente".

Este también sería un buen momento para detenerte y darle gracias a Dios ¡por su presencia contigo! Cuánta confianza puedes tener sabiendo que Dios está contigo hoy y mañana... ¡y por siempre!

Él viste los lirios y da de comer a los pájaros;
¿Te haría Él, entonces, menos caso a ti?
Encomiéndate a Él con el corazón lleno
de devoción
que Él te dará todo lo que necesitas.[27]

16

La promesa poderosa de Dios de...
provisión

~

(¡Habla Jim!) Como pastor que he sido durante varias décadas, he pasado innumerables horas aconsejando y animando a hombres y esposos de todas las edades en su camino por la vida. Puedo decirles que muchos hombres padecen de úlceras, hipertensión, problemas cardíacos y otras enfermedades debido al peso que supone la carga de mantener, desde el punto de vista económico, a su familia. Los rigores de las exigencias en su trabajo y el constante estado de preocupación y ansiedad afectan diariamente la salud y el bienestar de los proveedores. La maldición de Dios sobre Adán se ha convertido sin duda en una dura realidad en nuestra vida, ¿no es así? Como Dios le dijo a Adán: "Con el sudor de tu rostro comerás el pan" (Gn. 3:19).

¡Pero hay buenas noticias! Existe un tipo de provisión por la que ustedes como pareja nunca tendrán que preocuparse y esa es la provisión de Dios para ustedes. Y con esta buena noticia llega la bendición de la provisión prometida por Dios para su familia también (si eso llega a ser una realidad para ustedes dos).

Descubrir la promesa

Oculta en los escritos del apóstol Pablo hay una promesa poderosa que lo sostuvo todos los días de su vida. Y amada pareja, ¡también puede sostenerlos a ustedes! He aquí la escena...

Pablo está en la cárcel (¡otra vez!) por su fe. La preocupación que siente por sus buenos amigos en el lejano Filipos lo tiene apesadumbrado. Así, Pablo toma su pluma en la mano para escribirles a sus amigos en Cristo. En su carta, da las gracias a esas personas por un obsequio consistente en una ayuda económica que ellos le habían enviado (Fil. 4:18). Entonces Pablo, el maestro escritor, utiliza la provisión que le hicieron los filipenses a él para sus necesidades a fin de ilustrar cómo Dios suplirá las necesidades de los filipenses. Porque sepan que ellos no eran ricos. Ellos le dieron a Pablo de su "profunda pobreza" (2 Co. 8:2). ¿Qué dijo Pablo para alentar a esas personas necesitadas?

> *Y mi Dios proveerá a todas vuestras*
> *necesidades*
> *conforme a sus riquezas*
> *en gloria en Cristo Jesús.*
> Filipenses 4:19, lbla

Pablo les dio a esos pobres cristianos una promesa de la provisión de Dios. Y amigos, la esperanza que les dio a sus compañeros se extiende a través de los siglos hasta ustedes y nosotros.

¿Cómo —nos preguntamos— podía Pablo estar tan confiado en su promesa? Porque Pablo entendía la promesa y al Dador de la promesa.

Entender la promesa

1. Un proveedor personal.

Pablo tenía una relación especial con su proveedor, a quien él llamaba "mi Dios". Cuando Pablo escribió la carta, ya Pablo había caminado con Dios durante más de 20 años. Su confianza constante en que Dios le satisfaría todas sus necesidades había engendrado una estrecha relación con su Padre celestial. Pablo conocía a Dios. Por lo tanto, tenía confianza en que Dios proveería lo necesario a sus hijos.

El asunto prioritario es hacer una pregunta importante: ¿Es usted un hijo de Dios? La promesa de Dios de provisión es aplicable solo a sus hijos. ¿Puede usted hablar de Dios como "mi Dios"? Este sería el momento ideal para evaluar su relación con Dios a través de Jesucristo, como individuos y como pareja.

¿Cada uno de ustedes ha aceptado la expiación de Cristo por su pecado? ¿Ha recibido a Jesucristo como su Señor y Salvador? Lea de nuevo el capítulo titulado "La promesa poderosa de Dios de vida". Convertirse en cristiano es el primer y fundamental paso para poner a trabajar las promesas de Dios en su vida y en su matrimonio.

2. Una provisión física

¿Y qué le proveerá Dios a ustedes dos? Fíjese en la promesa: "Mi Dios proveerá a *todas vuestras necesidades*".

No los *deseos*, sino las *necesidades.* En otras palabras, siempre pueden contar con Dios para proveer todo lo que necesitan para sostener su vida física.

¿Y cuáles son las necesidades? Jesús dijo que el Padre celestial sabe cuáles son las necesidades: lo que necesita *comer*...lo que necesita *beber*...lo que necesita para *vestir* (Mt. 6:31-32). Bastante elemental, ¿verdad? Amigo, no existe necesidad física que Dios no pueda satisfacer. Puede confiar en que Dios siempre satisfará "todas sus necesidades".

3. *Una provisión abundante*

¡Nos es imposible comprender "las riquezas en gloria" de Dios! ¡Son interminables, ilimitadas, infinitas! Y sería del abundante almacén de Dios que se satisfarían las necesidades de los filipenses. Y, querido esposo y esposa, es de las abundantes riquezas de Dios en gloria que Él suple las necesidades de ustedes también.

Y he aquí la columna vertebral de esta espléndida promesa: Dios provee *conforme* a sus riquezas, no *de* sus riquezas. ¿No ve la diferencia? Si el suministro de Dios fuese *de sus riquezas,* habría un límite a su provisión. Sus provisiones tendrían que repartirse poco a poco. Pero no, nuestro gran e ilimitado Dios nos provee *conforme a sus riquezas;* riquezas que son ilimitadas. Eso significa que su provisión para nosotros es ilimitada...igual que la promesa de Dios.

Yo sé que esto es difícil de entender porque nos estamos planteando ¡la naturaleza de un Dios infinito! Pero confíe en la Palabra de Dios. Existe provisión de Dios suficiente para satisfacer cualquier necesidad que ustedes puedan tener durante toda la vida. Como dice el refrán: Compare sus necesidades con sus riquezas, y pronto desparecerán.

4. Una posición privilegiada

Una provisión abundante de Dios como esta, solo puede ocurrir debido a nuestra relación con Cristo porque nosotros estamos "en Cristo Jesús". Jesús posibilita que nosotros tengamos acceso a Dios para poder decir: "Acerquémonos, pues, confiadamente al trono de la gracia, para alcanzar misericordia y hallar gracia para el oportuno socorro" (He. 4:16). Pregunto: ¿Tiene usted esa relación privilegiada con Dios a través de Jesucristo? Jesús dijo: "Yo soy el camino, y la verdad, y la vida; nadie viene al Padre, sino por mí" (Jn. 14:6).

¿No es verdad que Dios es un gran Dios? Dios suplirá nuestras necesidades ¡qué magnífica promesa! Así que, cualquiera que sea su necesidad hoy, ya sea económica, física, emocional o espiritual, sea audaz y expóngale esa necesidad a Dios. Después observe como Él provee para todas sus necesidades "conforme a sus riquezas en gloria en Cristo Jesús".

Con el ejemplo de provisión de Dios fresco en la memoria, dedique unos minutos a poner la promesa de Dios en acción en su vida y en las necesidades que usted tiene en su matrimonio.

Poner en acción el poder de Dios… en su matrimonio

✓ *Dediquen* tiempo a darle gracias a Dios por la provisión que Él les ha dado en su matrimonio hasta el momento. ¡En Él, ustedes tienen abundancia! Dios ha cumplido verdaderamente su promesa y sus necesidades han sido atendidas satisfactoriamente. ¡Y probablemente hasta algunos de sus deseos hayan sido satisfechos! Sin duda, ustedes pueden decir: "¡Gracias!"

✓ *Dediquen* unos momentos juntos a reflexionar sobre sus responsabilidades. Ustedes dos son los administradores de todo lo que poseen. El administrador es la persona que cuida de los bienes de otra. Y, en el caso de ustedes, Dios es esa "otra" persona. Habrán notado que no dijimos que ustedes son *dueños* de esos bienes. Todo lo que ustedes tienen —la casa, el auto, los hijos, ¡todo!— ha sido confiado a ustedes por Dios y es una oportunidad para administrar.

✓ *Tomen medidas* acerca de lo que ustedes ahora entienden sobre la provisión de Dios y su papel de administrador de la propiedad de Él. ¿Qué pueden hacer ustedes como pareja para ser mejores e inteligentes administradores?

- Conténtense con lo que Dios les ha dado (1 Ti. 6:6-8).

- Devuélvanle a Dios una porción de lo que Él les ha dado (1 Co. 16:2).

- Tengan un presupuesto para dar cuentas de lo que Dios ha proveído.

- Hagan una lista sobre las formas en que pueden reducir los gastos... ¡juntos!

- Aprendan a esperar y orar en caso de compras importantes.

- Declaren un "día de abstinencia" de gastar dinero.

- Recuerden...

*Y poderoso es Dios para hacer que abunde en vosotros
toda gracia,
a fin de que, teniendo siempre en todas las cosas todo
lo suficiente,
abundéis para toda buena obra.*
2 Corintios 9:8

Para ella

A veces pienso que nosotras las esposas tenemos más "necesidades" ¡de lo que nuestros esposos son capaces de proveer! Sin embargo, esas necesidades son realmente deseos... ¡que el mundo diligentemente cultiva! Nos bombardean los comerciales de la televisión y las cadenas de venta por la Internet las 24 horas del día. Las revistas nos dicen con perseverancia que estamos pasadas de moda. Y los catálogos de venta por correspondencia crean otra "necesidad" más: ¡La de un buzón más grande!

¡Ayudemos a nuestros esposos! ¿Cómo?

¡Decídete a decir que *no!* Sé inquebrantable cuando se trata de darle la espalda a algo que ves. Por supuesto, consigue las mejores ofertas, y no faltaba más, busca los mejores precios. Pero compra lo que necesitas, no lo que deseas.

Desarrolla un sentimiento de contentamiento. Yo memoricé 1 Timoteo 6:6-8 cuando mi esposo dejó el trabajo y volvió a estudiar. Aún resuena en mi mente cada vez que pienso que necesito algo. "Pero gran ganancia es la piedad acompañada de contentamiento; porque nada hemos traído a este mundo, y sin duda nada podremos sacar. Así que, teniendo sustento y abrigo, estemos contentos con esto".[28]

Discute con tu esposo la forma en que puedas ayudarlo más y mejor mientras él provee.

Para él

Esposo, no quiero que *tú* padezcas de úlceras, hipertensión o problemas cardíacos mientras tratas de mantener a tu amada esposa y familia.

Enorgullécete de tu trabajo: El trabajo es noble, honorable y bíblico. No *vayas* al trabajo simplemente. "Lo que hagáis, hacedlo de corazón, como para el Señor" (Col. 3:23). Además, un 90 por ciento del éxito está en el simple hecho de ir (¡y mejor aún si se va temprano!)

Acepta la tarea puesta por Dios de mantener a tu familia: Proveer para ellos es una responsabilidad dispuesta por Dios. Dios espera que tú mantengas a tu familia, no importa la cantidad de empleos que sean necesarios. Recientemente, mi esposa me enseñó una anotación hecha en su diario de oraciones, escrita hace más de 20 años. Oraba por mí todos los días porque estaba trabajando en cuatro —¡sí, cuatro!— empleos diferentes. ¿Qué deberás hacer *tú* para aceptar la tarea puesta por Dios?

Evalúa tu nivel de provisión: Conjuntamente con tu esposa, realiza un ejercicio sobre las necesidades en comparación con los deseos. Juntos descubrirán que Dios ya está satisfaciendo las necesidades de ustedes. Y si sientes la necesidad de mejorar el fondo de vivienda o educacional, pregúntale a tu jefe si puedes trabajar algunos turnos extras. Y pregúntale a Dios si quizás tengas que buscar un trabajo mejor remunerado o volver a estudiar.

El propósito de tu vida es mucho más importante
que tu propia satisfacción personal,
tu tranquilidad y hasta tu felicidad.
Es más importante que tu familia, tu carrera,
o hasta tus ambiciones y sueños más fantásticos.
Si quieres saber por qué te pusieron
en este planeta,
debes empezar con Dios.
Naciste *por* su propósito
y *para* su propósito.[29]
—RICK WARREN

17

La promesa poderosa de Dios de...
propósito

~

abla Jim!) Estoy seguro de que deben haber oído historias sobre personas que han superado dificultades increíbles. Quizás hasta hayan oído hablar sobre aquellas personas que sobrevivieron a las privaciones y los tratos inhumanos que sufrieron como prisioneros de guerra. Yo sé que Elizabeth ha leído sobre la vida de Corrie ten Boom y los años que pasó en un campo de prisioneros. Y tanto Elizabeth como yo, junto a nuestra familia, tuvimos la aleccionadora experiencia de recorrer Dachau, el tristemente célebre campo de concentración alemán durante la II Guerra Mundial. La historia de uno de los sobrevivientes de esos campos es particularmente reveladora, a la vez esclarecedora e instructiva.

Victor Frankl era un psiquiatra austriaco que estuvo durante años en un campo de concentración. La vida allí era increíblemente dura e inhumana. A los prisioneros se les obligaba a trabajar durante muchas horas con poca comida, ropa insuficiente y alojamiento inadecuado. A medida que el tiempo pasaba lentamente, Frankl notó que algunos de los prisioneros se derrumbaban ante la presión, se daban por vencidos y morían, mientras que otros seguían vivos bajo las mismas exigencias.

¿En qué radicaba la diferencia? Haciendo uso de sus conocimientos de psiquiatría, el Dr. Frankl conversaba con los otros prisioneros por las noches. Con el pasar de los meses, notó que había un patrón. Los prisioneros que tenían algo por qué vivir, un objetivo —o un propósito— que les daba sentido a sus vidas eran los que eran capaces de movilizar sus fuerzas y sobrevivir.

A medida que Frankl entrevistaba a sus compañeros prisioneros, descubría que los objetivos para vivir eran individuales y diferentes. Cada uno de los sobrevivientes tenía un fin y una pasión que lo mantenía vivo. Y Frankl no era la excepción. Había comenzado a escribir un libro y tenía el ferviente deseo de sobrevivir para terminarlo. Después de la guerra, Victor Frankl terminó lo que lo había motivado a mantenerse vivo: ¡su libro!

Descubrir la promesa

La experiencia de Frankl enseña —a ustedes, a nosotros y a todos— el poder del propósito. No hay nada más potente que una vida vivida con pasión y propósito. (Y, añadimos nosotros, ¡no hay nada más potente que un matrimonio creado en torno a un claro propósito!) Los sobrevivientes del campo de concentración donde estaba Frankl centraron la atención en un propósito inspirado individualmente. En el caso de Frankl fue el libro. Otro hombre tenía una novia con la que esperaba casarse en cuanto terminara la guerra.

¿Pero y si usted o nosotros tuviéramos un propósito que no estuviera inspirado en nuestros propios deseos, un propósito que viniese de una fuente superior —una fuente divina—, de Dios? ¿No sería ese realmente un magnífico propósito? Esto nos trae a otra de las promesas poderosas de Dios:

> *Antes que te formase en*
> *el vientre te conocí,*
> *y antes que nacieses te santifiqué,*
> *te di por profeta a las naciones.*
> JEREMÍAS 1:5

Dios le prometió a Jeremías que él tenía un propósito. Dios había *designado* a Jeremías como profeta de las naciones. Evidentemente, ese no es el propósito de Dios para usted o para nosotros hoy. Pero de la misma manera que Dios le prometió a Jeremías un propósito, Él nos promete un propósito a nosotros. ¿Sabe usted cuál es el propósito prometido por Dios para su vida? Yo espero que lo sepa. Estoy seguro de que puede entender que el hecho de tener un propósito en la vida, y especialmente el propósito de Dios, tiene un gran significado.

Entender la promesa

Aquí va un poco de información general sobre el día de Jeremías. El siglo VI a.C. fue una época caótica desde el punto de vista político, moral y espiritual para el pueblo de Dios en el pequeño país de Judá. Babilonia, Egipto y Siria luchaban por la supremacía del mundo y Judá se vio atrapado en el medio. En medio de este caos, Dios llamó a Jeremías para que fuera su profeta.

Por supuesto que Dios sabía que Jeremías se opondría y trataría de rehusar el ofrecimiento. Por tanto, Dios se adelantó a la objeción de Jeremías con una promesa poderosa. La promesa de Dios estaba basada en su poder soberano y su propósito divino. La voz de Dios retumbó desde el cielo: "Antes...que nacieses te santifiqué, te di por profeta a las naciones".

¿Qué efecto tuvo la promesa de Dios en el reacio Jeremías? El saber que Dios lo había distinguido con una tarea especial se convirtió en la seguridad de Jeremías en los años venideros cuando fue perseguido y ridiculizado por su misión.

Y amigo, la promesa de Dios de propósito puede servir de ancla y seguridad para usted y para nosotros también. ¿Y cuáles son algunos de los beneficios de la promesa de Dios de propósito para su vida, beneficios que lo bendicen a usted y su matrimonio?

1. El propósito de Dios le da significado a su vida

La vida tiene poco o ningún sentido si no se comprende que todos los caminos conducen a Dios y sus propósitos (Ro. 8:28). Sin Dios, su vida no tiene sentido y usted no tiene esperanzas (Ef. 2:12). Igual que Jeremías, su existencia cobra significado cuando usted sabe y entiende su propósito. El propósito de Jeremías fue determinado por Dios y para Dios... igual que el de usted. La vida del profeta tomó un significado especial, una audacia y un valor, porque él sabía exactamente cuál era su propósito. Y lo mismo puede ser válido para usted. Para lograr un significado en la vida, busque su propósito.

Imagínese el matrimonio en que cada cónyuge vive confiado, donde la energía mutua se centra en un gran y convincente propósito, donde cada uno alienta y promueve en el otro poner en práctica su propósito. ¡Esas son dos vidas

—y un matrimonio— con poder y propósito! Como dijo Dios (y lo hemos recalcado a lo largo de este libro): "Mejores son dos que uno" (Ec. 4:9).

2. El propósito de Dios es único para usted

¿Ya se dio cuenta? ¡Usted es especial para Dios! Y por esa razón, Dios, soberanamente, lo ha preparado a usted para un propósito, para su propia contribución exclusiva. Jeremías fue preparado de manera única para la tarea que se le pidió que realizara, y usted también. A usted le ha sido dado un conjunto único de dones espirituales (1 Co. 12:4-11), una personalidad única y experiencias únicas, todo esto para ser usado de manera única por Dios. El hecho de darse cuenta de que Dios tiene un propósito específico para usted deberá impedir que usted se sienta desanimado o incompetente.

(¡Habla Elizabeth!) Como esposo o esposa, usted puede ejercer una influencia poderosa en su compañero o compañera cuando usted se traza la meta de ayudar a su cónyuge a encontrar y realizar su propósito. Durante más de 20 años, Jim me apoyó y me alentó a realizar mis propósitos en el hogar como esposa, madre y ama de casa. Pero, a la vez, me estimuló a diario a descubrir mis talentos, a dedicar mis minutos de ocio a desarrollar mis dones únicos y a usarlos cada vez que el tiempo me lo permitiera.

Cuando las personas me preguntan hoy cómo me convertí en escritora e instructora de la Biblia, siempre les digo que Jim me empezó a animar a hacerlo hace alrededor de 30 años. Entonces llegó el día en que nuestras hijas se casaron, el nido quedó vacío y podía dedicarle más tiempo a la etapa siguiente del propósito de Dios para mí. Ese es el poder que un cónyuge puede tener ayudando a descubrir y cumplir el propósito especial del otro.

¡Y viceversa! Hasta el día de hoy, yo animo a Jim a que continúe usando y desarrollando sus dones únicos. He pasado muchas noches y fines de semana —incluso meses cuando él andaba de misión o enseñando— en la casa para que Jim pudiera cumplir su propósito y el llamado de Dios. Sigue siendo una alegría para mí poder preparar el terreno en la casa todos los días para su creatividad y ministerio a través de la creación de un medio ambiente propicio para el estudio y la investigación que su tarea de escribir y enseñar requiere.

Es una práctica recomendable orar todos los días y preguntar: ¿Qué puedo hacer por mi amado hoy —y todos los días— para estimular su propósito único? Y por supuesto, ¡pregúntele a su cónyuge también!

3. El propósito de Dios requiere paciencia

¡Y ahora regresemos a Jeremías! Nadie sabe qué edad tenía Jeremías cuando recibió esta promesa de Dios. Algunos teólogos especulan que tenía entre 20 y 30 años. Si eso es cierto, entonces Jeremías vivió casi la mitad de su vida en una pequeña aldea sin saber nada acerca del propósito grandioso que Dios le tenía reservado.

¡Eso es mucho tiempo! Pero igual que Jeremías, usted debe esperar pacientemente a que Dios le revele el propósito que Él le tiene reservado para su vida. Lo que nos trae al siguiente punto...

4. El propósito de Dios requiere obediencia

Descubrir y cumplir el propósito continuo de Dios para la vida comienza siguiendo obedientemente el propósito revelado de Dios para su vida *hoy*. Eso fue lo que preparó a Jeremías para ser utilizado por Dios. Cuando usted lee el libro de la Biblia que lleva su nombre, descubrirá que muy pocas personas, de haberlas, deseaban servir a Dios en la época de Jeremías. Sin embargo, Dios pudo utilizar —y de hecho utilizó— a Jeremías porqué él no se había inhabilitado a sí mismo a través de la desobediencia. Estaba apto para servir a Dios debido a su fiel y diaria obediencia.

Recuerde...el propósito de Dios para su vida se realiza y se revela en cada acto de obediencia. Esposo, ya usted sabe que la voluntad de Dios hoy es la de ser fiel a su trabajo, a su esposa y de proveer para la familia. Y esposa, ya usted sabe que la voluntad de Dios hoy es la de amar y honrar a su esposo, cuidarlo y ayudarlo (Gn. 2:18), así como serle fiel. También deberá amar y cuidar de sus hijos. La obediencia en estos aspectos es el propósito de Dios hoy para cada uno de ustedes. Este es el punto de partida de Dios para cada uno de ustedes. Después, ¡aguarden y miren! cómo Dios revela el próximo paso de su futuro y su propósito para las vidas de ustedes dos.

Poner en acción el poder de Dios... en su matrimonio

¿Ya está entusiasmado? Dios promete que Él tiene un propósito para su vida. ¡Eso debería añadir un poco de entusiasmo al matrimonio! Pero... se estará preguntando, *¿cuál es mi propósito?*

Déjeme animarlo un poco. Igual que Jeremías, su propósito tendrá características *únicas*. Pero el propósito de Dios también tiene un hilo *común* para todo su pueblo. He aquí cómo usted puede poner en acción la promesa de Dios de propósito en la vida y en el matrimonio hoy y todos los días. Evalúense... ¡y analicen!

✓ El propósito de Dios es que usted proceda al arrepentimiento (2 P. 3:9). ¿Ya lo hizo? ¿Lo hicieron los dos?

✓ El propósito de Dios es que usted fuese hecho conforme a la imagen de su Hijo (Ro. 8:29). ¿Está en ese proceso? ¿Necesita que haya cambios?

✓ El propósito de Dios, puesto que usted está casado, es que como esposo ame a su esposa y como esposa ame y honre a su esposo (Ef. 5:22-33). ¿Qué calificación se daría usted?

✓ El propósito de Dios, si tiene hijos, es que los cuide y los eduque espiritualmente (Ef. 6:4). ¿Cómo puede usted mejorar su trabajo en cuanto a la crianza de los hijos?

✓ El propósito de Dios es que usted se mantenga puro (1 Ts. 4:4). ¿Cómo pueden ustedes lograr esto como pareja? ¿Y cómo individuos?

✓ El propósito de Dios es que usted sea su testigo (Hch. 1:8). ¿Eso está sucediendo? Si ese no es el caso, ¿por qué no?

✓ Los propósitos de Dios cumplidos *hoy* los guiarán a los dos hacia los propósitos de Dios para el *mañana*. Solo sea fiel. ¿Lo es usted?

Para ella y Para él

Propónganse orar diaria y fervientemente por una revelación del propósito de Dios para cada uno de ustedes y por sus propósitos para ustedes dos como pareja. Este es el primer paso esencial para obtener orientación de Dios.

Resuelvan comprender la singularidad del propósito individual de Dios para cada persona. El propósito de Dios no es igual para ustedes dos. Apóyense mutuamente en su deseo común de hallar y cumplir el propósito único de Dios.

Obren sabiendo que el conocimiento y la realización del propósito de Dios les darán sentido a sus vidas y mejorará su matrimonio. (¡Imagínense la energía, el fuego, la chispa —y el destello— que vivir para Dios y seguir a Dios prenderá en su relación conyugal!) Ir en busca del propósito de Dios también los ayudará a discernir las prioridades a las que deberán adherirse si ustedes van a cumplir sus propósitos.

Piensen en el futuro. Mientras ustedes están cumpliendo el propósito de Dios para ustedes hoy, hagan planes para ascender. Creen un programa para cada día que brinde orientación y perfeccionamiento constante. Es muy probable que ustedes no sirvan a Dios dentro de diez años de la forma en que lo sirve a Él hoy. Así que, creen las condiciones para el futuro lo mejor que humanamente les sea posible. Diseñen un estilo de vida de perfeccionamiento y desarrollo espiritual que los prepare a ustedes para los propósitos de Dios del mañana.

Obedezcan, de todas las formas posibles, todo lo que ya ustedes saben que es la voluntad y el propósito de Dios. La obediencia significa avance, obedecer paso a paso.

Soliciten la ayuda de otras personas a través de la orientación espiritual, lecciones sobre la Biblia y la adquisición de nuevos conocimientos e información que ustedes crean puedan (por la gracia de Dios) promover el propósito de Dios para ustedes.

Infúndanse ánimo mutuamente. Cumplan la máxima bíblica que aparece en todo este libro: "Mejores son dos son que uno".

Tengan tiempo juntos. Es muy importante que se dediquen el mejor tiempo uno al otro.

Observen el debido respeto uno para con el otro. Dense honra mutua ante las demás personas.

> *El hombre, creado a imagen de*
> *Dios, tiene un propósito: Mantener*
> *una relación con Dios, que está ahí.*
> *El hombre olvida su propósito y*
> *por tanto olvida quién es y lo que*
> *significa la vida.*[30]
> —Francis A. Schaeffer

Dios de paz, controla mi vida;
nunca más huiré,
pues mi alma no reposará
hasta que en ti yo repose.[31]

18

La promesa poderosa de Dios de…
descanso

~

Durante casi 30 años vivimos en zona de Los Ángeles. ¡Nos encantaba! Y no hay ninguna duda: Los Ángeles es una ciudad que nunca duerme. No importa la hora que sea. Las carreteras, las calles y las autopistas siempre están repletas de automóviles y de personas. Pero la concurrencia y el ajetreo no son exclusivos de Los Ángeles. Paul, nuestro yerno neoyorquino, sale de la casa antes de que amanezca para tomar un tren en Manhattan y regresa en ese mismo tren ya de noche. Esta situación "sale-de-noche-llega-de-noche" se repite en el caso de muchas personas en casi todas las ciudades del mundo.

Nos guste o no, o lo elijamos o no, todos somos miembros —o nos estamos convirtiendo en miembros— del "Club del Ajetreo". A medida que el ritmo del mundo se va acelerando con viajes más rápidos, acceso más rápido a la Internet, computadoras más rápidas (¡y no olviden la comida rápida!), los hombres, las mujeres y hasta los niños (¡…!) tienen cada vez menos tiempo para descansar.

Descubrir la promesa

Todos los esposos conocen la presión que implica proveer para su esposa y su familia. Y, en muchos casos, las esposas también trabajan. Además, tanto el esposo como la esposa deben dedicar tiempo a mantener una relación de amor y de consideración con su cónyuge y con sus hijos. Para un cristiano, está asimismo la responsabilidad de servir de alguna manera a la iglesia. Cumplir con todos esos deberes y obligaciones lleva tiempo; tiempo que debe agregarse a una vida que ya estaba atiborrada.

¿Cómo podemos como pareja y como individuos encontrar ayuda para esta vida agitada? La siguiente promesa poderosa nos da la respuesta:

> Venid a mí,
> todos los que estáis cansados y cargados,
> y yo os haré descansar.
> MATEO 11:28, LBLA

Entender la promesa

Como pareja, nos encanta este versículo, y pensamos que a ustedes también. Solamente de leerlo hace que suspiremos (¡ah!) y disfrutemos de un poco de descanso. ¿Qué fue lo que indujo a Jesús hacer esta declaración alentadora?

Una respuesta rápida es que los líderes religiosos de la época de Jesús les ponían tantas reglas a las personas que su "religión" los había vuelto "cansados y cargados". La gente estaba cansada de todas las reglas y regulaciones que eran imposibles de cumplir. En resumen, estaban agotados. Complacer a Dios parecía imposible.

¡Entra Jesús! En esta promesa poderosa, Jesús le hizo una invitación a su auditorio... y a cada uno de nosotros también: "Venid a mí...y yo os haré descansar". Su llamamiento era el de ir a participar en la promesa de descanso...que solo Él puede *dar*.

Ahora bien, la cuestión es esta: ¿Qué significa esta promesa de descanso?

1. *El descanso es parte del plan de Dios*

El descanso de Dios es un tema común a través de toda la Biblia. Por ejemplo...

- *Dios reposó* en el séptimo día para señalar que había terminado la creación.

- *El pueblo de Dios reposó* el séptimo día para reanimar el alma y adorarlo.

- *La tierra de Dios descansó* como resultado del mandato de Dios de que el pueblo le diera descanso a la tierra cada siete años (Lv. 25:4).

Este era el plan de Dios: Reposo para orar, reposo para su pueblo y descanso para la tierra. (Parece buena idea, ¿verdad?) Evidentemente, el descanso es de suprema importancia para Dios. Por lo tanto, debe ser importante para nosotros para garantizar que reposemos el cuerpo, reanimemos el alma y adoremos a Dios. Recuerde que el descanso es parte del plan de Dios.

¡Pero hay más... siga leyendo!

2. *El descanso es un don de Dios*

El descanso es un don que todos los buenos padres dan a sus hijos. De hecho, el sistema judicial de los Estados Unidos define la negligencia como "no satisfacer deliberadamente las necesidades físicas de un niño", siendo el descanso una de esas necesidades.[32] ¿Se pueden imaginar ahora el dolor que sintió Jesús cuando vio a sus "hijos" tan maltratados y abandonados debido a la interpretación inadecuada e incompleta del descanso que era de ellos por legítimo derecho?

A diferencia de los líderes religiosos, Jesús le ofreció a la humanidad el diseño original de Dios en cuanto al descanso a "todos los que estáis cansados y cargados". Su descanso incluía la perfecta fraternidad y armonía con Dios. Pero había una condición: El ofrecimiento de Dios de descanso podía hacerse realidad solo cuando el pueblo atendiera la invitación hecha por Jesús: "venid a mí".

Y amados amigos, el ofrecimiento hecho por Jesús del don de descanso y reanimación también se ofrece a ustedes y a nosotros. Dios promete reposo espiritual. Su descanso ofrece no sentirse culpable por el pecado, la salvación contra el miedo y la desesperación, la guía y ayuda continua del Espíritu Santo y finalmente, el descanso eterno.

No hay razón alguna para que usted siga "cansado y cargado" cuando usted atienda el llamado de Cristo de "Venid a mí". En Cristo, usted encontrará alivio y reanimación en una nueva relación con Dios. Recuerde que el descanso es un don de Dios.

3. *El descanso es importante para una vida equilibrada*

El descanso y la reanimación en Cristo... ¿No le parece eso maravilloso y atrayente? Estamos orando por que usted y su cónyuge tengan una relación espiritual con Jesucristo. ¡Ese es el descanso definitivo que todos deseamos!

¿Pero y en el ámbito físico? A menudo (¡para algunos de nosotros, eso es cada momento del día en que estamos despiertos!) el cuerpo nos dice cuándo es hora de tomar un descanso. Nos sentimos cansados, fatigados, exhaustos.

Jesús reveló que Él entendía todo sobre nuestra necesidad de descanso físico y sobre nuestra vida agitada cuando Él dispuso que sus discípulos se alejaran de la muchedumbre en una barca. Estaban tan ocupados que no tenían tiempo ni para comer (Mr. 6:31-32). (¿Esto describe su calendario de actividades? Sin duda describe la nuestra, ¡especialmente porque trabajamos contrarreloj en cuatro diferentes husos horarios!)

Los discípulos necesitaban descanso físico para lo que vendría después. ¡Y seguramente que usted se une a nosotros en cuanto a esta necesidad! Necesitamos mucho el descanso que nos reanima de lo que ya sucedió y nos prepara para lo que vendrá después. [Y, para su información, el siguiente acontecimiento en el agitado calendario de los discípulos fue la de dar de comer ¡a 5.000 personas! (Mr. 6:33-44).]

¿Cómo andan ustedes dos en cuanto al tema del descanso? ¿Hay alguna señal que indique que no están descansando físicamente lo suficiente? ¿Alguna señal de malhumor, irritabilidad, hosquedad entre los dos...y con cualquiera que se les cruce en el camino? Dios tiene tareas importantes para cada uno de ustedes a su servicio. Así que pongan de su parte y descansen. Recuerden que el descanso es importante para una vida equilibrada.

Poner en acción el poder de Dios… en su matrimonio

Resumiendo, Dios nos ha prometido el reposo del cielo en el futuro. ¡Qué maravilloso que podamos esperar con anhelo ese eterno descanso! Una promesa así nos da fuerzas para seguir adelante por mucho tiempo, ¿no es así? Pero también podemos experimentar el descanso de Dios ahora mismo, tanto espiritual como físicamente. Respondan las siguientes preguntas para confirmar que ustedes dos están experimentando la promesa de Dios de descanso, tanto ahora como finalmente en el futuro.

✓ ¿Han acudido al Único que puede darles descanso espiritual? Jesús dijo: "Venid a mí". El verdadero descanso físico llega solo cuando uno ha experimentado el verdadero descanso espiritual en Dios a través de Jesucristo. El matrimonio en que los cónyuges disfrutan del descanso de Dios tendrán una firme base mutua sobre la cual construir para la vida, así como el anhelo de la recompensa del descanso prometido por Dios cuando el camino es difícil y oscuro. Aunque solamente uno de ustedes dos responda al llamado de Cristo de ir a Él, con eso basta para incorporar la paz y la dicha en el hogar. Y qué bendición será usted para su "amada o amado no creyente" a medida que comprende, practica la paciencia y ¡ora, ora y ora!

✓ ¿Han evaluado ustedes, como pareja, su calendario de actividades últimamente? ¿Están tan obsesionados con la tarea de proveer y de sobrevivir que, quizás, ninguno de los dos está recibiendo el descanso adecuado? ¿O se están sobrepasando en las actividades sociales, la televisión de medianoche e inclusive el trabajo para la iglesia?

✓ Los discípulos de Jesús se sobrepasaron en este sector del ministerio. Y Jesús, sabiendo lo que se avecinaba y notando el cansancio de sus discípulos, pensó que era importante llevárselos por un tiempo a descansar y recrearse (¿o a reanimarse?) ¡Y ese tiempo tuvo su compensación! Fue exactamente lo que el médico —mejor dicho: *¡El Salvador!*— recetó. Y Dios quiere lo mismo para usted. Su vida no es una carrera corta, sino un maratón. ¡Contrólese el tiempo! Recuerde que el descanso es importante para una vida equilibrada.

✓ ¿Cómo andan ustedes en la esfera de las vacaciones? Independientemente de cuánto puedan trabajar, ustedes necesitan descanso y recreación. Así que no dejen de tomarse un tiempo libre. Volverán a la rutina diaria con mucho más entusiasmo y según los científicos, con mucha más productividad. ¿Han cultivado algún hobby que no esté relacionado con el trabajo o profesión? Estos esparcimientos brindan un cambio de tónica y ocupan la mente en formas nuevas y diferentes que los ayudan a relajarse y reanimarse.

✓ Como pareja, hemos aprendido a jugar al ajedrez y a las damas juntos. También hemos empezado a realizar algunas actividades más físicas como, por ejemplo, marcha, kayak y campismo. (Y sepan que mientras más esfuerzo físico exija su hobby, ¡mejor descansarán en la noche!)

✓ ¿Tienen la costumbre de pasarle el peso de la carga diaria al Salvador? Las preocupaciones, la ansiedad y el temor son cargas que Jesús los ayudará a soportar. Echar todas las cargas y preocupaciones sobre Jesús hará más placentera su vida... ¡y su matrimonio! (1 P. 5:7).

Para ella

Un día le dije a mi hija que parecía un poco cansada. Aún me sonrío al recordar su respuesta: "¡Ay, mamá, estoy cansada desde que tuve a mi primer hijo!" ¿Te identificas tú con su agotamiento? Yo sí (mi primera hija nació hace más de 30 años... ¡y sigo cansada!) Nosotras las mujeres ciertamente necesitamos el poder de Dios *¡así como* su promesa poderosa de descanso! Y Él nos da tres tipos de descanso.

Descanso eterno: ¿Ya respondiste al llamado de Jesús de "Venid a mí"? Amada mía, ¡tu verdadero descanso comienza en cuanto lo hagas!

Descanso espiritual: Las exigencias sobre ti como mujer ocupada son extenuantes. ¡De eso no cabe duda! Cargas con enormes responsabilidades y realizas un sinfín de tareas. Pero cuando las mujeres echan esas cargas sobre el Señor y "esperan" en Él, "levantarán alas como las águilas; correrán, y no se cansarán; caminarán, y no se fatigarán" (Is. 40:31).

Descanso físico: Dios nos da su amado sueño... pero tú tienes que poner de tu parte e irte a la cama. Debes evitar perder el tiempo (especialmente por las noches) para que puedas disfrutar de los beneficios físicos, mentales y emocionales que produce haber dormido bien.

Para él

¿La promesa de Dios de descanso significa que no tienes que seguir trabajando? (¡Eso quisiéramos!) La respuesta es *no*. Dios trabajó seis días. Le ordenó al pueblo de Israel que trabajara seis días, también. Y, amigo mío, Dios nos pide a ti y a mí que trabajemos.

De hecho, el trabajo es un signo de madurez para el hombre cristiano. Le encanta trabajar, con pasión y entusiasmo. ¿Por qué? Porque sabe que está trabajando para el Señor (Col. 3:24). Considera su trabajo como un llamado de Dios. ¡Por lo tanto, su trabajo no es una carga! Descansa bien todas las noches porque sabe que a la mañana siguiente deberá ir a trabajar, a cumplir el llamado del Señor, a proveer para su familia, a ser testigo de su Señor y a contribuir al éxito de la compañía para la que trabaja.

¿Se parece a ti? ¿Te gusta tu trabajo? ¿O te sientes agotado física y mentalmente todos los días cuando llegas al hogar? ¿Sueñas con retirarte? Ora sobre tu actitud hacia el trabajo y evalúa dicha actitud. ¡Tu agotamiento puede ser más espiritual que físico! Cuando las cosas marchan bien espiritualmente, aunque tengas un día de trabajo largo y extenuante, podrás descansar en el Señor.

Ningún caballo llega a ninguna parte
    hasta que le ponen los arreos.
Ningún vapor ni gasolina hace funcionar nada
    hasta que se confina.
Ningún Niágara se convierte en luz y energía
    hasta que se encauza.
Ninguna vida se hace grande
    hasta que esté
        concentrada,
            sea dedicada
                y disciplinada. [33]

19

La promesa poderosa de Dios de...
autodisciplina

~

abla Elizabeth!) Pensé que antes de entrar en este capítulo, que pone de relieve la vida de un puñado de hombres, ¡debería decirle unas palabras, amada lectora femenina!

Jim y yo, como pareja, deseamos —¡y necesitamos!— autodisciplina para dirigir nuestras vidas activas y lograr las metas que nos hemos trazado. Pero más que eso, los dos nos esforzamos en desarrollar la autodisciplina porque Dios llama a su pueblo, masculino y femenino, a cultivar este poderoso rasgo. Dios espera que sus hombres y mujeres deseen autodisciplina, la fomenten y funcionen a partir de ella.

No hay duda, ¡este es el rasgo del carácter que todos detestamos! Pero para realizar la obra que Dios nos llama a hacer —ya sea en el hogar, en el trabajo, en la iglesia o en una misión— debemos incorporar autodisciplina a nuestra vida diaria. Como dijo el autor de un libro que Jim y yo tratamos de leer todos los años, debemos "mantener una disciplina militar... para poder librar un buen combate".[34] Nosotros —tanto esposos como esposas— tenemos batallas que librar... ¡y ganar!

Y ahora, al ataque. Le presento a Sansón, uno de los hombres más prometedores de su época. La historia de Sansón se cuenta en Jueces 13–16. Todo le iba bien a este hombre. Le esperaba un increíble destino. ¿Por qué Sansón era tan especial?

- Sansón fue elegido por Dios, estando aún en el vientre materno, para conducir al pueblo de Dios durante una época de gran opresión (13:3-5).

- Sansón fue el "Mr. Universo" de su época. Tenía una increíble fuerza. En una ocasión, levantó de raíz las puertas de la ciudad y cargó la puerta con sus dos pilares más de 48 kilómetros cuesta arriba (16:3). Además, Sansón era capaz de matar a un león ¡a mano limpia! (14:6).

- Sansón fue la "figura representativa" de las Tropas Especiales de su época. Sin la ayuda de nadie, llevó a cabo numerosas incursiones en territorio enemigo, ocasionando cuantiosas bajas (15:7-14).

- Sansón fue bendecido con una herencia divina. Sus padres fueron testigos de la aparición divina del ángel del Señor (13:20) y su madre siguió meticulosamente las instrucciones del Señor durante el embarazo (13:4).

Sí, Sansón poseía todas las prerrogativas que una persona pudiera desear o necesitar para triunfar en la vida... ¡excepto que no tenía autodisciplina! Este defecto de carácter hizo que se convirtiera en la trágica imagen de la autosatisfacción, la disipación y la insensatez desenfrenadas.

Descubrir la promesa

Se ha dicho que "la autodisciplina no lo hace a uno grande, pero no se puede continuar siendo grande sin ella". ¿Qué es la autodisciplina? Este término significa literalmente "un llamado a la sensatez de la mente o del autocontrol".[35] Y amigo mío, la autodisciplina —¡o la ausencia de ella!— es lo que separa a Sansón de un Moisés, o a un hombre con más capacidades de un hombre con poder.

Sansón sabía que él lo tenía todo, pero no lo usó para los propósitos de Dios. Más adelante en la Biblia, nos encontramos con un hombre ¡que era todo lo opuesto! Se llamaba Timoteo y pensaba que no tenía nada, sin embargo lo poseía todo.

¡Pobre Timoteo! Su vida estaba llena de continua oposición. Se oponían a él por su asociación con el apóstol Pablo. Se oponían a él por el mensaje del evangelio. Cualquiera que fuera la oposición, y cualquiera que fuera el grado de la dificultad, Pablo sabía que ese joven ministro y hombre en ciernes estaba luchando.

¿Cómo iba a poder Timoteo manejar todo lo que estaba sucediendo en su vida? ¿Se retiraría tímidamente ante los obstáculos, se retiraría del ministerio? Pablo, el eterno alentador, reforzó la confianza de Timoteo reafirmándole la promesa poderosa de Dios de la autodisciplina. "El padre Pablo" le recordó a Timoteo, su hijo en fe, el poder de Dios en acción en su vida. Le dijo las siguientes palabras de promesa y aliento al "tímido Timoteo":

> *Porque no nos ha dado Dios*
> *espíritu de cobardía,*
> *sino de poder, de amor y de dominio propio.*
> 2 Timoteo 1:7

Debido a la promesa de Dios de autodisciplina, Timoteo pudo hacer la tarea que estaba llamado a hacer. Dios le daría poderes para controlar su pensamiento y sus acciones, y para disciplinar sus actitudes, aun bajo la persecución y las contiendas más intensas. ¡Qué promesa! Y amigos, Dios les ofrece a ustedes, como individuos y como pareja, esta misma promesa.

Entender la promesa

¿Cómo podemos adquirir autodisciplina? Debe comprender que...

1. En la autodisciplina interviene la mente

Pablo le recordó a Timoteo que "No nos ha dado Dios espíritu de cobardía, sino de poder, de amor y de dominio propio". La promesa de Dios de disciplina incluía el concepto de "dominio propio":

- una mente disciplinada,

- una mente capaz de entender las implicaciones del comportamiento adecuado y del comportamiento inadecuado, y

- una mente con la capacidad de "pensar con cordura" (Ro. 12:3).

Esta es la clase de fuerza mental que les permite a ustedes, como entidades independientes y como pareja, experimentar el éxito sin volverse orgullosos o de sufrir un fracaso sin sentirse derrotados.

2. En la autodisciplina interviene el cuerpo

Cuando se lleva una vida de disciplina devota, todos los aspectos de la vida se encuentran en orden, incluso la mente y el cuerpo. Como ustedes saben, cuando se ejercita la autodisciplina sobre la mente, esta afecta el cuerpo. Se guarda compostura en cuanto a lo que se come y la forma de comportarse, tanto en la casa, juntos, como cuando uno está solo.

Para que usted pueda hacer la parte que le corresponde para coadyuvar a la causa de Cristo, tanto la mente como el cuerpo tienen que trabajar en sintonía. De la misma forma en que se disciplina la mente, se deberá disciplinar el cuerpo. Como dijo Pablo, debes "golpear" el cuerpo para no convertirte en su esclavo, sino más bien, para que el cuerpo se convierta en esclavo *tuyo* (1 Co. 9:27).

3. La autodisciplina tiene una "hermana gemela"

Cuando el Espíritu Santo de Dios entra en su vida en la salvación, trae consigo un número de actitudes y rasgos divinos con Él. (Convendría que leyeran juntos la lista completa que aparece en Gálatas 5:22-23. ¡Esa responsabilidad mutua los mantendrán alertas!) Uno de estos comportamientos, o "fruto" como se llaman, es el del autocontrol. Como creyente, usted tiene el poder del Espíritu dentro de usted para ayudarlo a dominar las pasiones y los apetitos. Usted tiene la capacidad de negarse a los deseos de la carne. La hermana gemela, es decir, el autocontrol, le permitirá desarrollar la autodisciplina.

4. En las Escrituras se exige autodisciplina

Como en la mayoría de las actitudes que Dios nos exige, la autodisciplina no llega automáticamente. Es por eso que usted debe "ejercitar... el autocontrol en todo" (1 Co. 9:25). También debe "aplicar toda diligencia [y]...autocontrol" (2 P. 1:5-6). ¿Cómo puede usted desarrollar una mayor autodisciplina?

- Siguiendo el Espíritu de Dios.

- Aplicando autocontrol de Dios en todas las situaciones.

- Haciendo lo que le corresponde para desarrollar la disciplina de Dios.

*P*oner en acción el poder de Dios... en su matrimonio

Estamos seguros de que ustedes dos quieren tener una vida de productividad y éxitos, ¿no es verdad? Entonces, ¿por dónde pueden empezar, como individuos y como pareja? Comiencen por identificar aquellos aspectos de la vida de cada uno de ustedes donde necesitan autodisciplina. Esta es nuestra lista... ¡y no duden en hacerle adiciones!

✓ *Vida espiritual:* El punto de partida para vivir una vida de autocontrol y autodisciplina es la evaluación de su estado espiritual. ¿Trata usted de desarrollar activamente la disciplina de Dios? ¿Le está haciendo frente satisfactoriamente a las tentaciones? ¿Está atacando pecados tales como la ira, la pereza? (Solo usted sabe qué incluir en la lista.) No olvide que los pecados no confesados le roban a usted el poder espiritual necesario para ser auto-disciplinado.

✓ *Vida mental:* Su mente, ya sea masculina o femenina, es el centro de control del cuerpo. Asegúrese de disciplinar la mente a través de la lectura de la Palabra de Dios. Memorice las Escrituras, especialmente los versículos que tratan sobre aquellos aspectos donde usted necesita la ayuda de Dios para superar deficiencias. Y he aquí una tarea grande para las parejas: discipline la mente alejándola de los estímulos que corrompen el pensamiento. Controle lo que ve. Los ojos son las puertas a la mente. ¡Cuando basura entra, basura sale!

✓ *Vida física:* El cuerpo, al igual que la vida espiritual, necesita de una atención constante. Es como el motor bien ajustado de un automóvil. Tanto el motor como el cuerpo necesitan cuidados diarios para que funcionen correctamente. ¡Así que preste atención!

- Vigile lo que come, con qué frecuencia y las cantidades.

- Descanse como es debido.

- Haga ejercicios regularmente.

- Rechace cualquiera cosa que entorpezca sus deseos de tener una mayor autodisciplina.

✓ *Vida en el trabajo y vida en el hogar:* ¿Está usted balanceando estos dos aspectos de su vida? ¿O está dedicándole una cantidad desmedida de tiempo al trabajo? ¿Está desatendiendo la prioridad divina de amarse mutuamente? Tanto el hogar como el trabajo son importantes. El esposo y la esposa inteligentes ejercitan la disciplina para mantener el equilibrio entre estos dos aspectos.

✓ *Vida económica:* Uno de los aspectos donde más se necesita autodisciplina y autocontrol es en la administración del dinero. ¿Tienen ustedes un presupuesto y se ajustan a él? ¿Están gastando excesivamente en deseos y no les es posible atender las necesidades? ¿Son culpables de comprar por impulso? ¿Le están dando a Dios las "primicias" del salario? La economía es una forma rápida y segura de determinar las prioridades espirituales... y la cantidad de autodisciplina que ustedes tienen (¡o no tienen!) como pareja. ¿Qué revela la chequera?

Para ella

Amada esposa, tú no puedes ser responsable de la disciplina personal de tu esposo. Para eso, debes recordar nuestras tres reglas fundamentales: ser comprensiva, ser paciente y ¡orar como loco! Pero tú *sí* controlas tu propia disciplina personal.

Vida espiritual: Dedicar una cantidad de tiempo todos los días a Dios señala el camino de tu vida, tu matrimonio y tu disciplina en la dirección correcta, ¡hacia arriba y hacia adelante!

Vida mental: Victoria tras victoria se gana en el terreno de la mente cuando te acuerdas de pensar en todo lo que es verdadero, todo lo noble, todo lo justo, todo lo puro, todo lo bello, todo lo que es de buen nombre, todo lo virtuoso y todo lo loable que hay en tu esposo y en el estado de tu vida (Fil. 4:8).

Vida física: Hay dos cosas que ayudan en el terreno físico: 1) Recuerda que tu cuerpo es templo del Espíritu Santo, y 2) Recuerda que tu cuerpo también pertenece a tu esposo (1 Co. 6:19-20; 7:4).

Vida en el trabajo y vida en el hogar: Si trabajas, recuerda que tu esposo y tu hogar tienen prioridad sobre tu trabajo (Tit. 2:4-5). Está claro que tu vida en el hogar le importa a Dios.

Vida económica: Tú tienes más poder de lo que te imaginas en este aspecto, ¡poder adquisitivo y poder de retención! ¿Cuál de los dos estás usando para mejorar tu matrimonio y tu vida en el hogar?

Para él

Esposo amigo, tu esposa necesita de tu orientación... ¡en todos los aspectos! Así que haz tiempo para el mejoramiento y el desarrollo personal.

Vida espiritual: ¡Debes entender que tu vida espiritual es vital! Debe tener tanta importancia para ti que de buen agrado te levantas temprano por la mañana para leer la Biblia y orar a modo de preparación para el día.

Vida mental: Tu cerebro es un músculo. Si no lo ejercitas, se vuelve torpe y aletargado. Dedícate a aprender y a leer. Comienza leyendo la Biblia. Después lee un buen libro sobre cómo ser esposo. Tú y tu esposa se beneficiarán de tu lectura.

Vida física: Tu cuerpo se creó para usarse. Así que, planifica algún tipo de actividad física para cada día. Te sentirás mejor, funcionarás mejor, serás más productivo en el trabajo y tendrás más energía.

Vida en el trabajo y vida en el hogar: Es fácil desequilibrar estos dos aspectos. Usualmente, la balanza se inclina a favor del trabajo. ¡Es la "rueda del chirrido" la que se lleva todo el aceite! Pregúntale a tu esposa cómo andas en estos dos aspectos.

Vida económica: Estando la facilidad de crédito altamente disponible, es fácil que este aspecto se descontrole. Crea un presupuesto y no te salgas de él. Considera los gastos como un asunto espiritual. Ora por una mayor disciplina.

*L*a naturaleza de la disciplina

- La disciplina es un asunto espiritual, *todo* se hace para la gloria de Dios (1 Co. 10:31).

- La disciplina no tiene atajos, no hay resultados rápidos.

- La disciplina no tiene reservas, el autocontrol debe restablecerse mañana.

- La disciplina comienza con las pequeñas cosas, como, por ejemplo, las medias sucias.

- La disciplina aborda lo difícil, lo fácil exige poco.

- La disciplina comienza con la mente: "Lo haré".

- La disciplina sigue con un mandato: "Debo hacerlo".

- La disciplina nunca se distrae: "Esto lo hago".

- La disciplina nunca toma vacaciones, es de por vida.

- La disciplina está en constante cambio, el perfeccionamiento exige nuevas disciplinas para enfrentar los próximos retos en la vida.[36]

La solución a los problemas de la familia
se encuentra en una palabra: CRISTO.

CRISTO en el altar del matrimonio,
CRISTO en el viaje nupcial,
CRISTO cuando crean el nuevo hogar,
CRISTO cuando llega el hijo,
CRISTO en los momentos de estrechez,
CRISTO en la época de abundancia,
CRISTO cuando la pareja de casados camina hacia
   el ocaso,
CRISTO cuando uno se va y el otro se queda,
CRISTO en el tiempo, CRISTO en la eternidad.
ESTE ES EL SECRETO de una vida feliz en el
   hogar.[37]

20
La promesa poderosa de Dios de…
fortaleza

~

Habla Jim… ¡Se dará cuenta en cuanto lean unas cuantas líneas!) Una noche, Elizabeth y yo estábamos buscando nuestro canal de televisión favorito, el Canal del Tiempo, cuando descubrimos el Equipo de Poder. Ya antes había oído hablar acerca de estos hombres, pero nunca había visto el programa. Así que hice una pausa para comprender mejor su ministerio de divulgación.

En caso de que no hayan oído hablar del Equipo de Poder, ellos son un grupo de antiguos atletas y fisiculturistas que recorren el país y *exponen* sus testimonios acerca de lo que significa tener fe en Jesucristo. ¡Esos hombres son increíbles! Son capaces de partir grandes bloques a mano limpia, por nombrar solo una de sus hazañas de fortaleza. Ellos constituyen un equipo de hombres cristianos que utilizan su fortaleza física para entretener y además hablan sobre su amor por Jesús.

Descubrir la promesa

Pero esos hombres no son los únicos que pueden pertenecer a un "equipo de poder". Si ustedes dos conocen y aman a Jesús, ustedes también tienen garantizada la promesa de Dios de fortaleza y poder. ¿Dónde podemos conseguir un poco de esa fortaleza?, se preguntarán ustedes. He aquí la respuesta... y una promesa para los dos, para el equipo que componen ustedes dos:

> *Todo lo puedo en Cristo*
> *que me fortalece.*
> Filipenses 4:13

Ahora permítanme aclararles rápidamente que cuando usted y su amada o amado se apropian de esta promesa de Dios de fortaleza, ¡no podrán partir bloques de concreto! Pero la fortaleza de Dios les permitirá salir victoriosos en todos los aspectos de la vida cristiana... y de la vida de *casados* cristiana. Eso es mejor que partir bloques de concreto, ¿no creen?

Entender la promesa

¡Qué clase de promesa! "Todo lo puedo en Cristo que me fortalece". Ahora bien, ¿cuáles son algunas cosas de ese "todo"?

1. Fortaleza en todas las circunstancias

Las palabras triunfantes de esta promesa salieron del apóstol Pablo y su segura referencia a "todo" tiene que ver con el hecho de poder ejercer el control en todas las circunstancias. Así que, independientemente de que Pablo tuviera mucho o poco, o que sufriera mucho o poco, él era capaz de manejar la situación, cualquiera que fuera. La actitud de "Todo lo puedo" asumida por él era la misma en todas las circunstancias (vea Fil. 3:12).

¿Tienen ustedes alguna dificultad, algún problema, alguna carencia, alguna cosa que deben tratar de resolver en su vida y en su matrimonio? Entonces sigan leyendo para conocer cómo Pablo logró superarlo "todo".

La promesa: La primera mitad de este conocido versículo declara una verdad: "Todo lo puedo", o: "A todo puedo hacerle frente" (DHH). Esta es la clase de mensaje que uno esperaría oírle decir a un orador motivador o a un entrenador. Expresa la idea de confianza y seguridad en sí mismo. Dice que "¡Tú puedes hacerlo! Tú puedes hacer todo lo que quieras si te lo propones".

Afirmaciones como estas pueden ser válidas para algunos aspectos de la vida de una persona. Es cierto que con suficiente determinación y fuerza de voluntad, usted *puede* lograr muchas cosas en la vida. Pero eso no es lo que dice este versículo cuando uno considera la *fuente* de ese poder. Por ende, debe terminar de leer el mensaje de Pablo. Él revela que usted ¡todo lo puede *"en Cristo"* que lo fortalece!

La fuente: Amigos, *Cristo* es la fuente de nuestra fortaleza. No lo olviden: ¡Es Cristo! *Él* es la razón por la que podemos hacerlo *todo* en el campo espiritual. ¿Cómo pudo Pablo tener un punto de vista optimista de los problemas de la vida? Fue debido a Cristo.

¿Cuántas veces no han tratado ustedes de vivir algún aspecto de la vida con su propia fortaleza y capacidad?

Tenían los conocimientos. Tenían la pericia. Quizás hasta tenían el dinero. Pero trataron de proceder solos —sin tener en cuenta al Señor— de hacerlo ustedes solos. Bueno, ¿y cómo les fue?

Podemos imaginárnoslo ¡porque nosotros también pasamos por eso! Nos imaginamos que fracasaron de manera lamentable. Por lo tanto, el mensaje es elevado y claro: Para convertirse en una "pareja de poder", debemos dejar de confiar en nuestra propia fortaleza y capacidad y empezar a confiar en Cristo y su fortaleza.

2. Fortaleza para la pureza

Tanto ustedes como nosotros pudiéramos mencionar muchas cuestiones y dificultades que existen en cualquier matrimonio que necesitan de la fortaleza de Cristo para poder superarlas. Ahora mismo pudiéramos mencionar la salud física, problemas con respecto al trabajo, la ausencia de tiempo juntos y escasez de dinero. ¡Pero la pureza sexual parece ser el Gran Tema! Mantener la mente, el cuerpo y el matrimonio sexualmente puro es, como indican los títulos de dos libros populares, no solo *La batalla de todos los hombres* sino también *La batalla de todas las mujeres*.

La pureza es un reto, una lucha diaria, una batalla. Pero la pureza es la voluntad de Dios para ustedes. Su voluntad se indica claramente: "Pues la voluntad de Dios es vuestra santificación; que os apartéis de fornicación; que *cada uno de vosotros* sepa tener su propia esposa en santidad y honor; no en pasión de concupiscencia" (1 Ts. 4:3-5).

¿Cómo, entonces, podemos, como hombres y mujeres y esposos y esposas, mantenernos puros? La respuesta es sencilla pero a la vez poderosa: *Todo lo podemos en Cristo que nos fortalece.* Si este aspecto constituye una lucha para uno de ustedes o para ambos (no olviden que los títulos de los dos libros mencionados anteriormente incluyen la palabra "*todos / todas*") deben recordar una cosa: Recurran a la fuente de *toda* fortaleza. Recurran al poder de Jesucristo y libren sus batallas. Usted *todo lo puede*, hasta ganarle la batalla a la tentación sexual si —y solo bajo esta condición— permite que Cristo le dé su fortaleza para no sucumbir a la tentación.

3. Vida cristiana

¡Y así son las cosas! No importa qué obstáculos o qué circunstancias —¡o tentaciones!— puedan surgir (y de seguro que surgen), todos los cristianos pueden tomar la poderosa palabra de promesa de Dios. Esa es la verdad de la Biblia y la promesa de Dios para con usted y su cónyuge. El poder de Cristo es suficiente para todos los aspectos de nuestras vidas, y punto. ¿Qué otros aspectos constituyen una lucha para usted en su vida cristiana? ¿Qué me dice respecto a ser...

- un cristiano en ascenso,
- un esposo amoroso,
- una esposa que da su apoyo,
- un padre o abuelo cariñoso,
- un fiel administrador de los recursos de Dios,
- un empleado dedicado,
- un humilde siervo,
- un testigo de Jesús?

¿Usted cree que Dios quiere que algunos de estos aspectos, o todos ellos, sean realidad en su vida? Usted conoce la respuesta, ¿no es verdad? ¡Es un rotundo *sí*! Dios desea que usted haga todo lo anterior ¡y aún más! Por eso, Dios le ha dado a Jesucristo. Su fortaleza le dará el poder necesario para cumplir la voluntad de Dios para ustedes dos.

Poner en acción el poder de Dios... en su matrimonio

¿Desea usted que la fortaleza de Dios entre en acción en su vida y en su matrimonio? De ser así, (y no podemos imaginarnos por qué no), los siguientes pasos lo ayudarán a empezar a usar a su favor la fortaleza prometida de Dios.

✓ *Permanecer en Cristo:* Jesús lo expresó de la siguiente manera: "Yo soy la vid, vosotros los pámpanos; el que permanece en mí, y yo en él, éste lleva mucho fruto; porque separados de mí nada podéis hacer" (Jn. 15:5). Para recibir poder de Dios, debe de permanecer estrechamente conectado a Él. Si su unión con Dios es fuerte, entonces el poder de Dios lo infundirá y fortalecerá para que pueda enfrentar con éxito cualquier obstáculo que se le presente. Cada uno de ustedes puede tener fortaleza para enfrentar las adversidades de hoy y las dificultades del mañana... permaneciendo en Cristo.

Como pareja, hagan todo lo que sea necesario para permanecer cerca de la Fuente de Poder. Lean la Biblia diariamente y oren con regularidad. Hacer estas cosas juntos siempre es agradable.

✓ *Ser responsable ante los demás:* El corolario del principio de permanecer cerca de Dios también es cierto: Si usted permite que su compromiso con Jesucristo, la fuente de poder, decaiga, no podrá manejar las dificultades y las tentaciones que se le presenten. ¡Y no hay duda de que se presentarán!

Por lo tanto, protéjase contra el desvío rodeándose de cristianos devotos. Busque "socios" espirituales, quizás un matrimonio ya mayor, que los controlen con respecto a aquellos aspectos en que ustedes luchan.

✓ *Ejercitar la fe:* ¿Cómo podemos mejorar la fortaleza física? Ejercitando el cuerpo. Y este principio es aplicable al reino espiritual. La fortaleza espiritual se mejora ejercitando la fe diariamente…

> …confiando en Dios para las necesidades de la vida

> …orando y esperando con ansias las repuestas de Dios

> …dependiendo de la fortaleza de Dios en nuestras insuficiencias

> …creyendo en las promesas de Dios en todas las adversidades

> …siendo un testigo consecuente con nuestras creencias

> …defendiendo nuestra fe

Amigo, *usted* puede pertenecer al equipo de poder de Dios. Y ustedes, como pareja, pueden ser un equipo de poder. Como individuos y como pareja, pueden usar a su favor el poder de Dios a través de Jesucristo. Ya tienen la promesa de Dios de fortaleza; por lo tanto "todo" lo pueden a través de Cristo que los fortalece. Entonces, procedan en consecuencia con esta poderosa verdad de Dios. Ejerciten su fe en Cristo, ¡su fuente de poder!

Para ella

Estoy aquí sentada, pensando y orando por ti, preguntándome qué será contra lo que estás luchando hoy en tu matrimonio. Entonces repasé mentalmente una lista de parejas que Jim y yo conocemos y las "cosas" a las que se enfrentan hoy.

En uno de los matrimonios, el esposo está bajo tratamiento médico para el cáncer... pero lo están resistiendo con el poder de Cristo.

Varias parejas jóvenes que conocemos andan detrás de una energética prole —que parece multiplicarse año tras año— ¡y están criando a esos hijos con la fortaleza y la energía que solo Cristo puede darles!

Otras parejas que conocemos están batallando con hijos rebeldes... en el poder de Cristo.

Los dos cónyuges de un matrimonio que se encontraban entre nuestros mejores amigos murieron con siete semanas de diferencia... completos en Cristo y fortalecidos por su formidable poder mientras que ellos "la pareja de casados caminaba hacia las puertas del crepúsculo...para entrar en la eternidad".

Otra pareja se desintegró el día que uno de los cónyuges llegó a la casa y encontró una nota del otro diciendo que se marchaba e iba a pedir el divorcio... y el cónyuge que se quedó atrás sigue adelante, a pesar de lo duro que es, solo gracias a la fortaleza de Cristo.

¿A qué situación te enfrentas tú hoy como mujer casada? Busca a Cristo. ¡Él te ayudará! ¡Su fortaleza es toda tuya!

Para él

La confirmación diaria de la Palabra de Dios en "Todo lo puedo en Cristo" siempre ha sido una de mis favoritas. Esta promesa tiene que ver con el poder que Cristo infunde. ¿Las vicisitudes de la vida han empezado a deprimirte? Entonces retoma esta poderosa promesa. Que Cristo te infunda con su fortaleza a través del día... y la vida. He aquí algunos aspectos donde decididamente se necesita la fortaleza de Cristo:

¡Tu matrimonio da mucho trabajo! Da trabajo porque implica dos personas que deben funcionar como un equipo. Siempre hay problemas, dificultades, transiciones y quién sabe qué más. Necesitarás la fortaleza de Dios para salir a flote.

¡Tus hijos dan mucho trabajo! Decididamente vas a necesitar la fortaleza de Dios para seguir adelante junto a tus hijos a través de todos sus problemas (¡además de todos los *tuyos*!) Necesitarás fortaleza para no darte por vencido con tus hijos así como apoyarlos cuando ellos te necesiten.

¡Tu labor da mucho trabajo! Las compañías les exigen cada vez más a sus trabajadores. ¿Ya estás sintiendo la presión? Necesitas la fortaleza de Cristo para ser óptimo en tu trabajo. Buscar la excelencia, aunque sin desatender a la familia, requiere la fortaleza de Cristo.

¡Tu fortaleza no da mucho trabajo! Lo único que tienes que hacer es dejar de hacer cosas por tu cuenta y confiar en Cristo para que te dé su fortaleza.

El honor de este mundo no perdura; es transitorio;
desaparece; y no creo que ningún hombre
o mujer sea digno del servicio de
Dios que busque
el ascenso mundano, honores mundanos,
fama mundana.
Pongámoslo debajo de nuestros pies,
estemos por encima de él
y busquemos el honor que viene de lo alto.[38]

21

La promesa poderosa de Dios de…
éxito

~

Imagínese que usted pueda alcanzar el éxito en todo lo que hace. Eso sería estupendo, ¿no es verdad? Un esposa, un padre, una madre, un empresario, un artista, un maestro de temas bíblicos, un jefe, un empleado, todos personas de éxito… La lista pudiera ser interminable. Pues bien, esa parece ser la promesa que Dios le hizo a un hombre en particular hace muchos cientos de años. Y amigo, esa es la misma promesa que Dios nos ofrece hoy a nosotros también. ¿Le interesa ser una persona de éxito? Entonces, siga leyendo.

Descubrir la promesa

Josué es el hombre al que hacíamos referencia. Ya vimos el poder de Dios en su vida en los capítulos dedicados a la promesa poderosa de valentía y la promesa poderosa de su presencia. Como recordarán, Josué era el nuevo líder de la nación de Israel. Su antiguo jefe, Moisés, había muerto. Pero antes de morir, Moisés le pasó la batuta del liderazgo a Josué.

¡Esto tiene que haber asustado a Josué! Moisés fue un gran líder. ¡No, Moisés fue uno de los más grandes líderes de todos los tiempos! Condujo con éxito al pueblo de Israel —dos millones de israelitas— fuera de Egipto a través del desierto hacia la frontera de una nueva tierra: la Tierra Prometida.

Es lógico que Josué estuviera un poco nervioso. ¿Cómo podía él ocupar el lugar de Moisés? ¡Parecía una tarea imposible! ¿Qué consejo podía dar Dios que ayudaría a alentar al nuevo —y más joven— líder? ¿Cuál fue la fórmula para alcanzar el éxito que Dios le dio a Josué hace unos 3 mil años? (¿Y la fórmula de Dios para nosotros hoy?)

> *Nunca se apartará de tu boca*
> *este libro de la ley,*
> *sino que de día y de noche*
> *meditarás en él,*
> *para que guardes y hagas*
> *conforme a todo lo que en él está escrito;*
> *porque entonces harás prosperar*
> *tu camino,*
> *y todo te saldrá bien.*
> Josué 1:8

Entender la promesa

Al examinar esta promesa, hágase la siguiente pregunta: ¿La fórmula de Dios para tener éxito difiere de la mía? Si usted es como muchas personas, es posible que mida el éxito como el logro de metas y prosperidad y la obtención de poder e influencia. Pero la estrategia para tener éxito que Dios le dio a Josué va contra todo lo que el mundo incluiría como factor en una fórmula para tener éxito. Josué siguió la estrategia de Dios ¡y le funcionó!

- ✐ Tuvo éxito en la conquista de la tierra y su pueblo. Hasta el día de hoy, hay estrategias militares que aún estudian el método de combate de Josué.

- ✐ Tuvo éxito en la repartición de la tierra entre las 12 tribus de Israel. Esto no fue una tarea fácil. ¿Se imagina cómo es tratar de complacer a dos millones de nuevos propietarios de viviendas?

- ✐ Tuvo éxito y prosperidad en su vida personal. Josué fue una persona tan fundamental en la repartición de la tierra que el pueblo se alzó, como grupo, y le dio una ciudad completa como heredad.

Como señalamos al principio del libro, en muchas ocasiones las promesas de Dios vienen acompañadas de condiciones. Y amigo, esta es una de esas promesas. ¿Quiere usted tener éxito en su vida diaria y en su matrimonio a la medida de Dios? Entonces siga las condiciones expuestas en la fórmula para tener éxito trazada para Josué.

1. Estudie la Palabra de Dios constantemente

El éxito en cualquier esfera, ya sea la dirección empresarial o la atención al hogar y el cuidado de los niños, no resulta fácil. El éxito instantáneo no existe. Para la mayoría de las personas, el éxito en cualquier campo de empeño humano llega solo después de muchas horas y muchos años de trabajo duro. El magnate del acero, Charles M. Schwab, es famoso por sus "Diez Mandamientos para Lograr el Éxito". ¿Cuál fue su mandamiento principal? El señor Schwab puso "trabajar duro" en primer lugar. El explicaba que "trabajar duro es la mejor inversión que un hombre puede hacer". Y podemos añadir… ¡"que una mujer puede hacer" también! Al describir la esposa, la Palabra de Dios dice: "con agrado trabaja con sus manos… y no come el pan de la ociosidad" (Pr. 31:13, 27, LBLA).

He aquí otra fórmula para el éxito que señala los méritos del trabajo duro:

- una semana laboral de 40 horas = supervivencia

- por encima de una semana laboral de 40 horas = éxito

Cuando se trata de alcanzar el éxito en cualquier empresa, tendríamos que reconocer que nada puede sustituir al trabajo duro. ¿Y cree usted que sería diferente en el reino espiritual? Es el mismo proceso: Para tener éxito ante Dios, haga lo que Dios le dijo a Josué que hiciera: "Nunca se apartará de tu boca este libro de la ley".

Para Josué, "este libro de la ley" fue lo que Moisés le mandó. Estos cinco primeros libros de la Biblia era lo único que tenía Josué para guiarse, pero era lo único que necesitaría. Hoy, además de los cinco libros que tenía Josué, también tenemos otros 61 libros de la Biblia que nos ayudan a tener éxito en nuestra vida cristiana y nuestras responsabilidades. Dios nos promete éxito, pero esta es una de las condiciones: *Hay que estudiar*. ¡Y en esto estriba el problema para muchas personas!

Por favor, no "deteste" estudiar. No piense: *Dejé de estudiar hace mucho tiempo, cuando estaba en la escuela secundaria. Estudié lo suficiente solo para defenderme en la vida y salir de la escuela… ¡y ya yo terminé con eso!* Si alguno de ustedes dos tiende a estremecerse de solo pensar en *estudiar*, sepa que el deseo de estudiar lo ayudará a tener éxito en su deseo de *crecer* espiritualmente. La Palabra de Dios lo fortalecerá —como le sucedió a Josué— para poder enfrentar sus problemas personales y conyugales. Dios aprecia el estudio de su Palabra. Él le pide lo siguiente a cada creyente:

> *Procura con diligencia*
> *presentarte a Dios aprobado,*
> *como obrero que no tiene de qué avergonzarse,*
> *que usa bien la palabra de verdad.*
> 2 Timoteo 2:15

> El éxito en cualquier cosa comienza
> con el deseo de *saber.*

2. Reflexione sobre la Palabra de Dios continuamente

Dios le pidió a Josué que estudiara su Palabra y también le pidió: "De día y de noche meditarás en él". *Meditar* significa leer con atención, detenerse largo rato en la Palabra de Dios. También pudiera incluirse memorizar la Palabra de Dios.

Este fue un buen consejo para Josué… y es un buen consejo para nosotros también. ¿Por qué? Porque cuando oímos predicar la Palabra de Dios, retenemos alrededor de un 10 por ciento del mensaje. Cuando la leemos, retenemos alrededor de un 40 por ciento de la lectura. Pero cuando memorizamos la Palabra de Dios, lo retenemos todo —¡el 100 por ciento!— de su mensaje a nosotros. A medida que reflexionamos sobre las Escrituras, comenzamos a comprender mejor lo que nos dice.

(¡Habla Jim!) De niño, pertenecí a un club de estudio de la Biblia. Aún recuerdo aquella noche en la iglesia cuando recibí un premio por haber memorizado 600 versículos de la Biblia. Pero mejor que un premio es el hecho de que aún puedo memorizar muchos de los pasajes bíblicos que memoricé de niño. Siguen siendo míos... ¡tantos años después! Nadie —ni nada— me los puede quitar.

Y esta es la otra parte de la historia. Aquellos versículos fueron los que Dios usó para cambiar mi vida cuando no me sentía tan interesado en tener éxito en mi cristiandad. Aquellas escrituras se arraigaron tan profundamente en mi mente que su mensaje me enfrentaba constantemente con respecto de mi comportamiento díscolo.

(¡Habla Elizabeth!) A diferencia de Jim, yo no memoricé las Escrituras de niña. Bueno, es verdad que me aprendí el Padrenuestro y era capaz de recitar los Diez Mandamientos. Pero a los 28 años, durante mi primera semana como cristiana convertida, un ángel querido me puso una pequeña selección de versículos en las manos y me sugirió que me aprendiera uno a la semana. Solo había cuatro versículos en esa pequeña selección titulada "Iniciándose en Cristo". Pero, ay, no se pueden imaginar ustedes el ministerio que la certeza de salvación, vida eterna, plegarias escuchadas y el perdón de pecados contenidos en esos cuatro versículos le han proporcionado a mi corazón durante los últimos 30 años. Fue entonces, en mi primera semana y mi primer mes como cristiana, que la Palabra de Dios, memorizada y oculta en mi corazón, envió sus raíces a lo más profundo de mi alma, y esos versos permanecen ahí hasta el día de hoy... junto a cientos de versos adicionales que he memorizado y depositado allí también. Son míos y siempre están ahí, para guiarme en todas las situaciones.

¿Quiere usted tener éxito en su vida cristiana? ¿En su matrimonio? ¿Quiere tener la fórmula de Dios para tener éxito cerca en su corazón? Entonces haga lo que hizo Josué. Haga lo que hicimos nosotros. Y haga como el salmista que escribió estas palabras: "En mi corazón he guardado tus dichos, para no pecar contra ti" (Sal. 119:11).

El éxito en cualquier cosa implica
comprender.

3. Aplique la Palabra de Dios completamente

La aplicación es el ingrediente final en la fórmula de Dios para tener éxito "para que guardes y hagas conforme a todo lo que en él está escrito" (Jos. 1:8). Esta no es una referencia superficial a una aplicación a tontas y a locas. Estas palabras describen el cumplimiento preciso y la total obediencia de manera que "hagas conforme a todo lo que en él está escrito".

Las personas de éxito, hombres y mujeres, le dirán que se hicieron competentes en su deporte, actividad empresarial, función, aptitud física, hobby, profesión o cualquiera que sea su ámbito de competencia haciendo las cosas correctamente y sin tomar atajos. No importa las veces que le dé a la raqueta o al palo de golf, de toda maneras la pelota saldrá en cualquier dirección si le da incorrectamente. La maestría exige precisión y continuidad.

Y lo mismo es válido en el reino espiritual. Podemos hacer todo tipo de actividades religiosas —dar dinero, orar, ir a la iglesia, servir a los demás, tomar clases de temas bíblicos—, pero no harán que tengamos éxito a menos que lo hagamos a la manera de Dios. Hay que seguir las reglas; hay que prestar atención a lo que dice la Palabra de Dios... y aplicarla completa, precisa, diligente y fielmente. Si usted es como nosotros, usted desea y ora por tener éxito en su matrimonio y en su familia, así como en su vida espiritual. Y la Palabra de Dios —estudiarla, memorizarla y seguirla "al pie de la letra"— ayuda a convertir nuestros deseos en realidad.

El éxito en cualquier cosa exige
repetición precisa.

𝒫oner en acción el poder de Dios... en su matrimonio

¡La devoción de Josué por Jesús es un ejemplo que sirve de inspiración! Él amaba a Dios y amaba la Palabra de Dios. Y, estimados amigos casados, Josué nos da una lección muy sencilla con respecto de la promesa de Dios de éxito: si amamos a Dios y lo seguimos y obedecemos su Palabra, tenderemos éxito —al menos ante Dios— ¡y eso es lo único que importa!

¿Cómo pueden ustedes lograr que esta "fórmula para tener éxito" entre en acción para ustedes dos? A continuación aparecen algunos pasos que deben seguir y como de costumbre, debatir juntos.

✓ *Sondee su corazón* y evalúe sinceramente los parámetros que usted puede estar usando para valorar el "éxito":

¿Un buen empleo?   ¿Un buen matrimonio?
¿El empleo de su cónyuge? ¿Mucho dinero?

¿Posesiones personales?   ¿Una buena casa?

¿Una buena educación?   ¿Posición social?

¿Muchas amistades?   ¿Belleza o aptitud física?

¿Su auto?

✓ *Abandone* su interpretación de cómo usted ha definido el éxito y luego permita que Dios reajuste sus valores.

✓ *Examine* su corazón y evalúe su nivel de obediencia a la Palabra de Dios. ¿Ha tenido usted el cuidado que debiera tener al hacer lo que dice la Biblia?

✓ *Abandone* las maneras, las prácticas y los valores que no reflejen la actitud y el nivel de obediencia que Dios desea para usted.

¿Cómo puede usted tener el tipo de éxito en sus tareas y batallas asignadas por Dios que tuvo Josué en las suyas? O, dicho de otra forma, ¿dónde puede usted encontrar el valor y la esperanza de victoria y la sabiduría necesarios para cumplir con sus responsabilidades? La fidelidad de Josué a las meticulosas instrucciones de Dios —a la Palabra de Dios— nos muestra cómo. Josué tuvo éxito porque observó las reglas. Él cumplió con su parte al seguir la fórmula de Dios revelada en su Palabra. Y Dios cumplió su promesa: "porque entonces harás prosperar tu camino, y todo te saldrá bien".

(¡Hablan Jim y Elizabeth!) ¡Oramos por ustedes y por su éxito como una pareja de casados que sigue al Señor!

Para ella

Creo de todo corazón que la Palabra de Dios se refiere claramente a nuestras prioridades como mujeres de Él. Sabemos que Dios desea ocupar el primer lugar en nuestros corazones (Lc. 10:27). Y nosotras, como mujeres casadas que somos, sabemos que nuestros amados esposos tienen la siguiente prioridad. Después de eso, los hijos ocupan el puesto siguiente, seguido de la creación de un ambiente hogareño agradable (Tit. 2:3-5).

Entonces, déjame recomendarte una lista de oraciones diarias para tener éxito, encabezada por las dos categorías siguientes. Utiliza esta lista para orar, obedece las prioridades de Dios reveladas en su Palabra, ¡y disfruta de un buen éxito!

1. *Dios:* Señor, ¿cómo puedo seguirte con todo mi corazón hoy? ¿Qué aspectos de mi vida necesitan atención hoy mientras busco caminar más cerca de ti? ¿En qué aspectos no me adhiero a tu Palabra? ¿Qué debo guardar para sustituir con mayor piedad?

2. *Esposo:* ¿Cómo puedo demostrarle mi amor a mi amado esposo? ¿Cómo puedo hacerle saber que él es mi prioridad humana número uno? ¿Y qué debo hacer para afirmar su posición en mi corazón? ¿Debo hacer ajustes en mi forma de pensar? ¿En mis prioridades? ¿En mi agenda? ¿En las elecciones que hago?

Para él

Nosotros los hombres somos competitivos, ¿verdad? Nos encanta ganar en los deportes. No soportamos perder. Siempre queremos pertenecer al equipo ganador o queremos ganar en competencias individuales. ¡El éxito en el deporte de nuestra elección es imprescindible!

Pero más importante que el éxito en el campo deportivo es el éxito como cristiano. Ya vimos cómo Dios promete que cada uno de nosotros puede ser un ganador en su esfera de actividad. Cada uno de nosotros puede tener éxito. Lo único que tenemos que hacer es seguir sus reglas. Y pensándolo bien, las reglas de Dios no son tan difíciles de cumplir. Él dice: "Estudia el libro de las reglas". ¡Eso es todo!

Estimado amigo, sé que me estoy repitiendo, pero debo decirlo una y otra vez: ¡Tienes que ser un lector! Para tener éxito en tu vida personal, y más importante aun, en tu vida espiritual, debes...

Paso 1:   Leer la Biblia.

Paso 2:   Obedecer lo que lees en la Biblia.

Paso 3:   Leer libros cristianos acerca de tu función y tus responsabilidades como esposo.

Estos tres pasos te permitirán tener éxito en tu vida cristiana y tu matrimonio.

Y, por cierto, ¡déjame felicitarte por leer este libro! ¿Qué libro leerás después?

De una vida de pecado y vergüenza
a la dicha y la paz entré,
¡a través del poder del nombre de Jesús
a la victoria!

De un camino oscuro como la noche
a la gloriosa luz del evangelio,
con un corazón puro y blanco
a la victoria. [39]

22

La promesa poderosa de Dios de…
victoria

~

Recientemente, un libro sobre un caballo de carrera llamado Seabiscuit, se convirtió en un colosal éxito de ventas. El libro, escrito por Laura Hillenbrand, entrelaza la vida de tres hombres —el dueño del caballo, el entrenador y el jockey— con las proezas de Seabiscuit, que siempre ganaba una y otra vez, convirtiéndose en un campeón aun cuando había sido dejado fuera de la competencia por una herida.

Seabiscuit se convirtió en símbolo de triunfo y victoria sobre la adversidad y la desesperanza para los norteamericanos agobiados por la Depresión durante las décadas de 1930 y 1940. El libro de la Hillenbrand muestra cómo los tres hombres que guiaron el destino de Seabiscuit enfrentaron contratiempos y soportaron la pérdida de seres querido y al final, triunfaron en sus vidas personales.

Descubrir la promesa

No es de extrañar que sea un best-seller. Es un libro con un mensaje para todos los corazones humanos y para todas las necesidades, ¡una historia de aliento y esperanza! Lleno de dramatismo humano y contenido motivador, *Seabiscuit* comunica a los que lo leen que, igual que los personajes del libro, ellos también pueden triunfar sobre las adversidades de la vida.

¿Pero qué le parece si usted y yo podamos ser parte de otra historia, una historia que muestra cómo podemos alcanzar la victoria en nuestra vida personal y luego disfrutar de la victoria *suprema*, la victoria sobre la muerte? Siga leyendo ¡porque esa es la promesa poderosa de Dios para usted!

> *Mas gracias sean dadas a Dios,*
> *que nos da la victoria*
> *por medio de nuestro Señor Jesucristo.*
> 1 Corintios 15:57

Entender la promesa

La victoria es a veces engañosa. Tomemos como ejemplo las batallas entre los generales Ulysses Grant y Robert E. Lee. Las fuerzas de Grant sufrieron numerosas derrotas a manos de Lee en las postrimerías de la Guerra Civil. Pero, al final, Grant salió victorioso.

Satanás, nuestro enemigo, también pareció salir victorioso en el huerto del Edén (Gn. 3) y hasta en la cruz de Jesús. El Mesías había muerto. Parecía que todo estaba perdido y que el control de Satanás sobre la humanidad se mantendría firme. Parecía que Dios había sido derrotado.

Pero todos sabemos que así no terminó la historia, ¿verdad? No terminó con la derrota de Dios. Nunca fue así...

¡y nunca lo será! No, terminó con la derrota de Satanás… ¡y siempre será así! Dios salió victorioso. Y "gracias sean dadas a Dios", pues ustedes y nosotros podemos entrar en "la victoria [de Dios] por medio de nuestro Señor Jesucristo".

1. La victoria es segura

En esta promesa liberadora, el apóstol Pablo se refiere a nuestra victoria sobre la muerte. Dice: "Sorbida es la muerte en victoria" (1 Co.15:54). La muerte física puede parecer la derrota final, pero es solo un ligero "aguijón" (v. 55). ¡Solo eso! Nuestra victoria sobre la muerte es tan segura que Pablo le da gracias a Dios por haber logrado ya esa victoria, porque "nos lleva siempre en triunfo en Cristo Jesús" (2 Co. 2:14).

(¡Habla Jim!) Durante varios años, tuve el privilegio de ser el pastor de la clase de adultos en nuestra antigua iglesia. Durante esa época, presencié y participé en numerosos funerales. Dediqué mucho tiempo cada semana a visitar hospitales y ayudar a esas queridas personas a enfrentar la muerte y el proceso de la muerte. La muerte estaba en la mente de todas esas personas mayores.

Y alabo a Dios porque la mayoría de esos santos ancianos estaban seguros de que su muerte, aunque aún no había ocurrido, ya había sido "sorbida…en victoria" por medio de Jesucristo. Aquellas valientes almas, llenas de fe, estaban preparadas para el futuro. La actitud de ellos era de "¡Adelante, que venga!" De hecho, muchos anhelaban el cielo durante la última etapa de la enfermedad.

Ahora, seamos sinceros. ¿Piensa usted alguna vez en la muerte? Si usted es como la mayoría de las personas, independientemente de la edad, usted piensa en la muerte todos los días. La muerte esta en la mente suya más de lo que está dispuesto a reconocer. Y si somos más sinceros aún, probablemente también se pregunte, *¿Qué sería de mi esposo si yo muero? ¿Y de nuestros hijos?*

¡No hay problema! Todo el mundo necesita pensar sobre el futuro y sobre la realidad de la muerte y del hecho de morir. Pero de la misma forma que la muerte es segura, también lo es la victoria de Cristo sobre la muerte... ¡incluso *su* muerte! Sí, preocúpese. Y sí, esté preparado y listo. Pero, aunque esté rebosante de salud y en la flor de la vida, todos los días alabe a Dios por su "victoria por medio de nuestro Señor Jesucristo".

Amigos míos, sigamos el patrón de Pablo de alabanza a Dios. Alabemos fielmente a Dios por la certeza de su promesa de victoria. La alabanza alza los ojos de la presente batalla a la victoria futura. "Gracias sean dadas a Dios", ¡el poder de la muerte ya no puede derrotar!

2. *La victoria es un don*

(¡Habla Jim de nuevo!) ¿Alguna vez le ha pasado a usted que ha competido contra alguien en un deporte repetidamente y nunca ha ganado ni un solo partido? Bueno, eso me pasó a mí en una de las dos comisiones de dos semanas de duración del Ejército de Reserva. Fui asignado a un Hospital Militar conjuntamente con un médico de mi misma unidad. Ninguno de los dos conocía a nadie, así que cuando no estábamos de servicio, la mayor parte del tiempo la pasábamos juntos. Desafortunadamente para mi amigo el médico, él no tenía otra persona con quien jugar frontenis, así que se veía obligado a jugar conmigo. Yo había jugado frontenis solo unas cuantas veces en mi vida así que, durante dos semanas, fui derrotado contundentemente por un jugador muy superior.

Bueno, esa es una imagen de nuestro dilema en el reino espiritual. Usted y todos los demás cristianos no pueden derrotar a Satanás. ¡" Mas gracias sean dadas a Dios" por el don de la victoria! ¡Dios ha intervenido y ha conquistado al enemigo por nosotros! Dios logró la victoria y ahora "nos da la victoria".

¿Se dan cuenta ustedes como pareja, o como una parte de la pareja, lo que significa la promesa de Dios de victoria sobre Satanás, el pecado y la muerte en la vida diaria? Significa que no importa cuán sombría, difícil, desalentadora y espantosa puede ponerse la situación o puede parecer que está la situación, ¡ustedes tienen esperanza! Ustedes tienen la seguridad y la esperanza de que están en el equipo ganador… no importa por dónde vaya el "marcador". Su equipo —el ¡equipo de Dios!— *ganará*.

Amigo, a medida que la vida se le viene encima, usted puede tener serenidad en su mente y su corazón. Usted puede ser como la persona que lee el final del libro primero. Ya usted sabe cómo termina la historia. Amado amigo, ese es usted, en todos y cada uno de los días. Usted *sabe* que la victoria ya es suya. Usted tiene el don de Dios de esperanza y la firme seguridad que Él le da de su victoria. Esto deberá darle un giro positivo a todo lo que tenga que enfrentar o a todo lo que deba soportar. Tal conocimiento da realmente el resquicio de esperanza a todas las circunstancias de la vida. De nuevo, *¡gracias sean dadas a Dios por el don de su victoria!*

3. *La victoria se debe a Jesús*

Cuando Cristo resucitó, conquistó el pecado y la muerte. Por tanto, cuando depositamos nuestra confianza en Jesús, percibimos la victoria "por medio de nuestro Señor Jesucristo".

Su victoria sobre la muerte se convierte en nuestra victoria. Dios no ha dado vida eterna a través de la fe en su Hijo, el Señor Jesús. ¡Amigos, esa es la victoria suprema! Y como vimos en el capítulo "La promesa poderosa de Dios de vida," eso es algo con lo que usted y su cónyuge, conjuntamente con nosotros, pueden contar. Saber que la victoria es segura elimina una inmensa cantidad de temor y presión de nuestras vidas, y no digamos ya del matrimonio.

> Si Cristo está con nosotros, ¿quién está contra nosotros?
> Puedes luchar con confianza
> cuando estás seguro de la victoria.
> Con Cristo y por Cristo, la victoria es segura.[40]

Como pareja, tenemos una costumbre que ponemos en práctica siempre que viajamos juntos. Primero, dejamos nuestros últimos escritos en un disco en la computadora conjuntamente con instrucciones en caso de nuestra muerte o un accidente aéreo. Y luego, periódicamente (y a veces, antes de cada vuelo), les recordamos a nuestros hijos de nuestro amor por ellos así cómo dónde están todas las cosas —testamentos, estado de cuenta bancaria, pólizas de seguro de vida— por si acaso. La primera vez que hicimos esto, nuestros yernos pensaron: *¡Qué horrible!* Pero ahora ya están acostumbrados.

¿Les parece esto inquietante? ¿Creen que es morboso? Bueno, como acabamos de decir, todos debemos estar preparados y listos para la muerte... y a nosotros dos nos gusta pensar que lo estamos. Pero he aquí el razonamiento que hacemos: nadie tiene conocimiento previo de la hora exacta de su muerte, pero los que creen en Cristo tienen la seguridad de vida eterna —*¡gracias sean dadas a Dios!*— llegado el momento de la muerte.

Con esto ya nos ocupamos de la muerte. Pero, ¿y la victoria sobre las dificultades de la *vida*? Todos nos tenemos que enfrentar a las tentaciones todo el día todos los días de la vida hasta que vayamos al cielo. Con la victoria y la ayuda de Cristo, podemos alcanzar la victoria sobre el poder del pecado en la vida diaria. Solo necesitamos poner en acción la promesa de Dios de la victoria.

Todas las parejas se preocupan y se cuestionan acerca de una larga lista de problemas propios de la vida: Perder la casa, los hijos que se entregan a las cosas del mundo, quedarse sin trabajo, ingresos y seguridad financiera, perder la salud (y como hemos dicho anteriormente, ¡usted puede añadir sus propias preocupaciones a la lista!) Pero la cuestión es esta: si Cristo es el vencedor en su corazón, entonces usted puede obtener su victoria sobre *cualquier* cosa y *todas* las cosas a las que tendrá que enfrentarse durante *toda* su vida… ¡y punto! Esa es la promesa poderosa de Dios para usted.

Poner en acción el poder de Dios… en su matrimonio

Como pareja, tenemos un refrán que tratamos de recordar cuando se trata de crecimiento y cambio espiritual: "Un problema definido es un problema medio resuelto". Es cosa segura que usted siempre tendrá "sectores críticos" en su vida y quizás hasta en su matrimonio. La tentación es poderosa. Y es fácil adquirir malas costumbres. ¡Y las costumbres son difíciles de conquistar! Por supuesto que estas deficiencias le dan al enemigo una posición estratégica en la batalla que usted emprende por un camino, un hogar y un matrimonio cristianos.

Pero una vez más, *gracias sean dadas a Dios*, ya usted no tiene que vivir en el fracaso en su sector crítico... ¡ni en *ningún* otro sector! La promesa poderosa de Dios de victoria se extiende a su vida y a sus malas costumbres. He aquí como cada uno de ustedes puede comenzar a percibir la victoria prometida de Dios:

✓ *Reconozca* que sus actuales reveses espirituales son solo escaramuzas en la batalla en su empeño por caminar con Cristo. El enemigo logrará algunas victorias en su vida, pero Dios le ha prometido a usted la victoria suprema debido a su fe en Jesucristo (1 Jn. 5:4). ¡Es un hecho!

✓ *Ratifique* que su pecado es una afrenta al Dios que vive en usted. Y recuerde: ¡Él es un Dios "santo, santo, santo"! (Is. 6:3). Emplee todas las medidas necesarias que se le ocurra para combatir su pecado.

✓ *Pídale* a Dios perdón por todas y cada una de las afrentas a su santo carácter. Y a la misma vez, déle gracias por limpiarlo de todas las maldades en su vida (1 Jn. 1:9).

✓ *Reconozca* la fortaleza y el poder de su enemigo. No sea ignorante. ¡Y no permita que lo tomen desprevenido! Satanás es "el príncipe de este mundo" (Jn. 12:31). ¡Está al acecho "como león rugiente... buscando a quien devorar" (1 Pedro 5:8)! Porque Satanás es una fuerza tan poderosa, usted deberá...

✓ *Permita* que Dios le dé poder. Él puede posibilitarle luchar contra la tentación (2 Co. 12:9) y "contra principados, contra potestades, contra los gobernadores de las tinieblas de este siglo" (Ef. 6:12).

✓ *Ármese* de la Palabra de Dios. ¡Debe convertirse en su arma preferida! Es "la *espada* del Espíritu" (Ef. 6:17). Asida firmemente en la mano, usted puede luchar sin piedad contra la tentación, el pecado y el enemigo.

✓ *Evite* las situaciones tentadoras. Ni siquiera vaya a los escenarios de tentación. Y si la tentación llegara a surgir, ¡Corra! ¡Váyase! ¡Huya! (2 Ti. 2:22). Hasta un poder o una fuerza puede derrotarse si la batalla se pelea bajo las condiciones de la Biblia.

✓ *Responda* abiertamente ante los demás por sus actitudes y acciones. Esté dispuesto a permitir que los demás le imputen responsabilidad y que oren por usted (Pr. 27:17).

Amada pareja, siga recordando que la victoria en la vida cristiana es un trabajo en equipo. Y siga recordando que ustedes dos constituyen un equipo. Y recuerden, también que dos son mejores —y más fuerte— que uno. Con la ayuda del Espíritu de Dios, la Palabra de Dios, el pueblo de Dios y ustedes dos, podrán conocer la victoria en la guerra contra el enemigo. Independientemente de las condiciones de la batalla, usted puede alabar a aquel que ha hecho posible su victoria suprema.

Para ella

En nuestras relaciones con las parejas de casados, parece ser que en la mayoría de los matrimonios es la esposa que tiende a tener más miedo, preocupación y nerviosismo ante la idea de la muerte (¡y cualquier otra cosa imaginable!) Por supuesto, la esposa piensa en su propia muerte, pero más aún piensa: *¿Y si muere mi esposo?*

Bueno, quiero exhortarte a que te apropies de la promesa poderosa de Dios de victoria. Y no dejes de aplicárselo a tu esposo también, si es cristiano.

Esta pétrea seguridad de Dios te deberá dar una pétrea base sobre la cual puedas apoyarte en el futuro. Y amada esposa, deberás convertirte en una pétrea fuerza en tu matrimonio y en el hogar. Resuelto ya el tema de la muerte y la eternidad, podrás centrar tus energías en asuntos más importantes... por ejemplo, ¡ser la esposa más fuerte del mundo!

Tu fe, puesta en las promesas de Dios, te dará una fortaleza que te sostendrá en la vida y que también velará diariamente por tu esposo y tu familia. Una esposa firme y que confía en Dios es una bendición para el esposo que debe dejar a la esposa a que se las arregle sola todos los días cuando él se va para el trabajo, toma un avión para viajar o entra en un submarino que se sumerge por varios meses. Tu fortaleza lo tranquiliza.

Para él

Si tu matrimonio es como el mío, tu esposa depende de ti para la seguridad física y financiera como pareja. Tú provees y proteges y ella cuenta contigo para eso... ¡y para muchas otras cosas!

Pero al ser el líder espiritual en tu familia, hay una confianza *espiritual* que necesitas trasladar a tu esposa: debes alentarla a desarrollar una sólida confianza y dependencia en Dios para que ella pueda ser fuerte *en el Señor* en tu ausencia. ¿Cómo puedes fortalecer su confianza en Dios?

Asegúrale espiritualmente que tú, como creyente en Cristo, posees la victoria sobre la muerte. Ella nunca tendrá que preocuparse por tu destino eterno. Si la muerte los separa a ustedes dos, tú estás con el Señor. Y no dejes de recordarle las promesas de Dios de proveer, consolar y fortalecer... Bueno, ¡simplemente revisa las promesas tratadas en este libro!

Asegúrale prácticamente que estás preparándote para su futuro en caso de que no regreses a casa del trabajo hoy, de un viaje de negocios la próxima semana o de una operación militar el año que viene. Hazle saber que te estás ocupando de las cosas tales como testamentos, pólizas de seguro, cuentas bancarias, la casa y cualquier otro asunto que pudiera causarle dificultades a tu esposa en caso de que mueras.

La sabiduría [bíblica] siempre se asocia
a la justeza y la humildad
y nunca van separadas de
la piedad y la verdadera santidad de la vida. [41]
—A. W. Tozer

23

La promesa poderosa de Dios de…

sabiduría

~

El 17 de diciembre de 1903, en una playa fría y ventosa, cinco personas y un perro presenciaron un suceso histórico. Fue en Kitty Hawk, en Carolina de Norte. El suceso fue el despegue de un objeto autopropulsado, más pesado que el aire, que logró un vuelo sostenido y controlado. Este gran acontecimiento histórico duró apenas unos segundos, pero dio inicio a la era de la aviación. Orville Wright, de 32 años de edad, piloteó el *Flyer* ese era el nombre del avión a 3 metros del suelo y recorrió una distancia de unos 36 metros.

Más tarde, ese mismo día, Wilbur, el hermano mayor de Orville, piloteó el avión y recorrió una distancia de unos 92 metros a 246 metros de altitud. Los logros de estos dos jóvenes representan toda una vida de optimismo incurable y de trabajo y estudios intrépidos. Investigaron durante años las obras de otros que lo habían intentado pero que habían fracasado. Tuvieron que construir y probar un sinnúmero de modelos antes de diseñar y construir el *Flyer*.

Descubrir la promesa

Para poder entrar en la historia, como en el ejemplo anterior, hizo falta una gran sabiduría, que fue el resultado final de largos años de ensayos. ¿Pero no sería mejor, en lo que respecta a la vida de usted y su matrimonio, evitar los ensayos y hacerlo todo correctamente al primer intento?

Bien, amigo, eso es precisamente lo que Dios le ofrece en la siguiente promesa poderosa. ¿Quiere usted poseer sabiduría sin tener que esforzarse ensayando? Dios le promete que si usted pide sabiduría, Él se la da. ¡Eso sí es una promesa poderosa!

> *Y si alguno de vosotros tiene falta de sabiduría,*
> *pídala a Dios,*
> *el cual da a todos abundantemente*
> *y sin reproche,*
> *y le será dada.*
> Santiago 1:5

Entender la promesa

1. El origen de la sabiduría está en Dios

Todo tiene un origen, nace de alguna parte. Hace algunos años, nuestra familia se fue de vacaciones a Montana. Allí, pasamos por un pequeño puente con un cartel que decía: "Río Missouri". Ya habíamos estado en St. Louis y habíamos visto el admirable ancho del río Missouri, justo antes del punto donde desemboca en el poderoso Mississippi. Al contrario, en Montana, el mismo río, es pequeño. Tanto que tuvimos que retroceder en el auto para asegurarnos de que no habíamos leído mal el cartel. No cabía duda alguna, ese era el nacimiento del río Missouri. No andábamos lejos de su origen.

Ahora bien, todo tiene su origen... ¡excepto Dios! Dios es el origen de todas las cosas. Seguramente usted ya sabe que los cielos y la tierra tienen su origen en Dios (Gn. 1:1). ¿Pero sabía usted que la sabiduría también tiene su origen en Dios? Dios es sabiduría (Esd. 7:25), y su sabiduría y conocimiento no provienen de nadie (Job 21:22). Por consiguiente, toda la sabiduría verdadera tiene su origen en Dios.

Reconocemos que hemos repetido en cada uno de los capítulos, una y otra vez, la necesidad de leer y estudiar la Biblia, ¡y ahora tienen ustedes una razón más!

2. Sabiduría es más que conocimiento.

Probablemente hayan conocido a algunas personas verdaderamente inteligentes que le hayan causado gran impresión a primera vista, pero en la medida en que los han conocido mejor, se han dado cuenta de que no existía mucha relación entre el conocimiento que dichas personas poseían y sus vidas. ¡Sus vidas eran desastrosas! No tenían sabiduría. Por otra parte, existen muchas personas carentes de esa "educación" proveniente de las vía formales de instrucción, pero que demuestran sabiduría en las decisiones que toman.

La *sabiduría* de la que se habla en la presente promesa no necesita de instrucción por vías formales. Nos referimos a la aplicación correcta del conocimiento, a la habilidad de pensar con claridad y tomar decisiones sabias, incluso en medio de situaciones difíciles y de las emergencias de la vida. Y, amigos, ¡todos *carecemos de sabiduría*!

Pero he aquí las buenas noticias: Dios les ofrece esa sabiduría como pareja y como individuos. Él "da [sabiduría] a todos abundantemente" para que sirva de guía para tomar las decisiones correctas ante las pruebas y los retos que impone la vida (Stg. 1:5).

3. La sabiduría está disponible

¿Están ustedes pasando por algún problema o prueba en su vida o su relación? ¿Están ante una encrucijada en su carrera? ¿Necesitan instrucciones acerca de cómo lidiar con algún miembro de la familia o sus hijos? ¿Tienen algunos problemas en su matrimonio o, tal vez, necesite ayuda en todo lo anterior? Entonces necesitan sabiduría. ¡La sabiduría de Dios!

Bien, ¿y qué esperan? Dios les promete sabiduría. Él dice: "Si alguno de vosotros tiene falta de sabiduría, pídala a Dios".

Esposo y esposa, ustedes no tienen que discutir, debatir o expresar sus puntos de vista e ideas durante días o semanas enteras ni tienen que andar a tientas en la oscuridad, a la espera de tropezarse con la respuesta correcta por medio de la experimentación. Cuando ustedes (o nosotros) necesitemos sabiduría, pueden orar a Dios, pedirle a Dios, y el les responderá. ¡Les será dada!

4. La sabiduría no cuesta nada

¿Alguna vez han pedido un préstamo? El oficial de préstamos seguramente se tomó bastante tiempo examinando la solicitud. ¡A lo mejor fue tan cauteloso, que ustedes llegaron a pensar que probablemente el dinero que iban a recibir era de él! Verse obligado a pedir un préstamo puede resultar una agonía. Si ustedes son como nosotros, probablemente hayan salido del banco con la esperanza de no tener que pasar por eso nunca más.

La respuesta de Dios a su petición de sabiduría es justo lo contrario. Él "da a todos abundantemente". Dios no reparte la sabiduría dando un poco aquí y otro poco allá, y no la otorga a regañadientes. Él *da* "a todos" los que pidan, y da su sabiduría de manera gratuita, liberal y abundante.

Dios tampoco da un sermón cada vez que recurren a Él para pedirle: "Más sabiduría, por favor". No, cada vez que le pidan, la sabiduría es dada "sin reproches". ¿Por qué no marcamos el sendero que nos lleva a Dios, con una promesa así y con una libertad así, más seguido?

5. *La sabiduría viene de diferentes maneras*

Como dijimos anteriormente, Dios es el origen de la sabiduría. Ahora bien, aunque el río Missouri tiene un origen, también tiene muchos afluentes que se le suman en tamaño y poder en su camino al poderoso Mississippi. ¿Qué "afluentes de sabiduría" pone Dios en sus vidas para hacerlos más fuertes y maduros y hacerlos más sabios?

- Una actitud de adoración: La sabiduría viene a ustedes en la medida en que desarrollen una actitud de adoración a Dios. El basamento de la sabiduría es "el temor de Jehová" (Pr. 1:7). En la medida en que honren y estimen a Dios, que vivan asombrados de su poder y obedezcan su Palabra, la sabiduría de Él se convertirá en la de ustedes. Será de ustedes en la medida en que dejen que Él se convierta en la influencia que controla sus vidas.

  He aquí sabiduría para ustedes: Asistir a la iglesia regularmente los ayuda a alimentar la actitud de adoración como pareja. ¿A qué van a la iglesia? A adorar.

∽ La Palabra de la verdad: La Palabra de Dios puede hacerlos sabios, más sabios que sus enemigos, sus maestros e incluso de los que tienen más experiencia que ustedes. ¿Cómo pueden ustedes obtener tal sabiduría? Lo único que tienen que hacer es amar la Palabra de Dios, llevarla en primer lugar en sus corazones y sus mentes, y obedecerla (Sal. 119:98-100).

He aquí sabiduría para ustedes: Orar como pareja los ayudará a sumergirse juntos en la Biblia. Incluso si solo uno de ustedes lee la Palabra de Dios todos los días, habrá un cambio en su matrimonio.

∽ La sabiduría de otros: Pueden ganar en sabiduría si buscan el consejo de aquellos que poseen sabiduría. Fíjense en las vidas de ellos, háganles preguntas. También pueden leer los consejos sabios y piadosos de otros por medio de libros cristianos. En cualquiera de los casos, en la búsqueda de la sabiduría de otros, ustedes aprenden y crecen.

He aquí sabiduría para ustedes: Oren por mentores. Pregúntenle a Dios acerca de quién podría ayudarlos. Pregúntenle si podrían reunirse para conversar. Y hágale una visita a la librería cristiana. Fíjense en qué libros pueden ayudarlos a crecer en sabiduría.

*P*oner en acción el poder de Dios... en su matrimonio

Como cristianos, ¿qué deberíamos desear ser? Respuesta: ¡Un hombre sabio o una mujer sabia! ¿Y qué pasos debemos dar para convertirnos en un esposo sabio o una esposa sabia?

✓ *Deben desear sabiduría:* Y deben desearla por encima de todo lo demás. Salomón nos muestra su postura. Él pudo haber sido lo que hubiera querido. Dios le dijo: "Pide lo que quieras que yo te dé". ¿Cuál fue la respuesta de Salomón? Le pidió sabiduría, le pidió "corazón entendido" (1 R. 3:5, 9).

La sabiduría es la característica que más debemos desear. Como nos enseña Salomón: "Bienaventurado el hombre que halla la sabiduría, y que obtiene la inteligencia; porque su ganancia es mejor que la ganancia de la plata" (Pr. 3:13-14).

Unas preguntas: ¿Qué deseos albergan —como individuos y como pareja— en sus corazones? ¿Desean riquezas y una larga vida o desean sabiduría? Revisen sus almas ahora mismo. ¿Andan ambos en busca de la felicidad mundana?

✓ *Deben orar por sabiduría:* Nuestra promesa dice que deben pedir; los dos y cada uno de ustedes. ¿Cómo pueden "pedirle algo a Dios"? Por medio de las oraciones. La oración demuestra su dependencia de Dios. Y dado que la sabiduría de ambos es a corto plazo y no muy abundante, deben pedir constantemente la sabiduría de Dios para sus vidas y su matrimonio.

Unas preguntas: ¿Cómo va su vida con respecto de las oraciones? La mayoría de los esposos tienen tiempo de sobra para leer la sección deportiva del periódico, mientras que sus esposas se empapan de información proveniente de revistas. Pero por alguna razón, la oración no está incluida en sus apretadas agendas. ¿Están las oraciones contempladas en sus agendas? ¿Un tiempo dedicado solo a orar? ¿Un tiempo dedicado solo a orar juntos? ¡Recuerden que no tienen que romper el record de la oración más larga! Sencillamente, baje su cabeza con humildad... y pida sabiduría.

✓ *Deben buscar sabiduría:* La sabiduría fue prometida, pero también hay que buscarla. La sabiduría llama, pero ustedes deben responder al llamado. Para descubrir el tesoro de sabiduría, debe seguir el mapa del tesoro de Dios: "Porque Jehová da la sabiduría, y de su boca viene el conocimiento y la inteligencia" (Pr. 2:6).

Unas preguntas: Una vez más, ¿cómo va el tiempo que dedicas a leer la Biblia? ¿Es inexistente? ¿Muestra mejorías? ¿Necesita mejorar? La sabiduría de Dios está en su Palabra. Dios dice de ustedes, con respecto de la sabiduría: "Si como a la plata la buscares, y la escudriñares como a tesoros" (Pr. 2:4).

✓ *Deben continuar alimentando la sabiduría:* La sabiduría no es permanente ni se perpetúa a sí misma, hay que buscarla día tras día. Su don de la sabiduría de Dios es para hoy. Hagan uso de él con la bendición de Dios, pero no cuenten con la sabiduría de hoy para suplir las necesidades de mañana. Mañana deberán levantarse y buscarlo nuevamente. Inténtelo por todos los medios (oración, estudio de la Biblia, sabios consejos) que utilizaron para adquirirla hoy. Sus vidas, matrimonio y familia cambian constantemente, y la sabiduría de hoy no servirá para resolver los problemas que tengan que enfrentar mañana. Para continuar siendo sabios, deben alimentar su sabiduría constantemente.

Unas preguntas: Al inicio del presente libro les hablamos de Aquila y Priscila, la pareja que ayudó al apóstol Pablo y a la Iglesia de diversas maneras. He aquí lo que nos gusta de ellos: Cuando escucharon la enseñanza del poderoso Apolos, "le tomaron aparte y le expusieron más exactamente el camino de Dios" (Hch. 18:26). ¿Cómo creen que hicieron para crecer espiritualmente, hasta el punto de conocer y discernir la verdad de Dios? ¿Cómo creen que crecieron espiritualmente *juntos* hasta llegar a ese punto? ¿Cómo pueden ustedes dos crecer *juntos* espiritualmente? ¿Están ustedes comprometidos a orar, buscar y alimentar la sabiduría de Dios? ¡Si lo están, serán poseedores del mayor tesoro del mundo!

Para ella

En el presente capítulo, enumeramos varias maneras de crecer en sabiduría. He aquí tres que funcionan, que te transformarán en una mujer de sabiduría y que, además, están disponibles para ti.

Crecer en sabiduría como mujer: El tiempo que dediques cada día a estar con Dios, te dará sabiduría cada día para que enfrentes las exigencias como mujer y como esposa. La sra. Ruth Graham hubo de necesitar sabiduría mientras su famoso esposo se encontraba en un viaje que duraría meses, en una época en que tenía cinco niños que cuidar. Ella leía la Biblia todas las mañanas... y la tenía encima de la mesa de la cocina todo el día, todos los días, abierta en el libro de Proverbios. Así podía acudir al libro cada vez que necesitaba sabiduría.

Crecer en sabiduría como pareja: Si tu esposo está dispuesto a orar junto a ti, establece un horario que les deje tiempo suficiente. Por ejemplo, cuando pongas la mesa para el desayuno, pon a tu lado la Biblia o el libro de oraciones. Esto se llama "planificarse para el éxito, no para el fracaso". Todo estará a mano, facilitando que ambos crezcan en sabiduría.

Crecer en sabiduría en la iglesia: Si tu esposo está dispuesto a ir a la iglesia, ¡incrementa tu capacidad organizativa! Levántate a tiempo para ir a la iglesia. Entonces podrán ambos obtener la sabiduría que allí se encuentra.

Para él

Como esposo, Dios te ha designado líder de tu matrimonio y tu familia. ¿Crees que la sabiduría de Dios sea necesaria para desempeñar dicho papel de líder? Estoy seguro de que sientes la necesidad. ¡No puedes guiar a nadie sin ella! Así que, de hombre a hombre, he aquí tres formas en la que puedes obtener la sabiduría que tanta falta te hace.

Las oraciones diarias son el punto de partida para obtener la sabiduría de Dios. Una vez oí a un hombre dar testimonio de los cambios que habían ocurrido en su vida solo de leer un párrafo de la Biblia cada día. ¿Qué te parece si empiezas hoy? Comienza por Proverbios, el "libro de la sabiduría" de la Biblia.

¡Orar juntos es la parte que más se disfruta! Si tu esposa está dispuesta al menos a intentarlo, oren juntos a la hora del desayuno o de la cena, y háganlo de manera sencilla. Lean durante algunos minutos de algún libro de la Biblia (como Marcos) o de algún otro libro que les agrade. Solo lean algo y tómense de las manos y oren por su día. En fin, esto te tomará como cinco minutos.

Asistir a la iglesia aumentará tu sabiduría espiritual, en la medida en que te enseñen fielmente la Palabra de Dios. Además, resulta ser un gran impulso para los matrimonios el que ambos disfruten de la Palabra de Dios, adoren y se reúnan con otros cristianos. Tendrán mucho de qué hablar... y juntos crecerán en sabiduría.

24

La promesa poderosa de Dios de…
valía

~

No hay dudas de que León Tolstoi es uno de los autores más famosos de todo el mundo. Casi todos hemos oído hablar de su novela épica escrita en el año 1886. Tolstoi nació en el seno de una familia aristocrática privilegiada, por lo que no tuvo que preocuparse por su supervivencia, a diferencia de la mayoría de los niños de su edad en Rusia a principios del siglo XIX.

Pero Tolstoi sí enfrentó luchas internas en su niñez y adolescencia. Batalló por lo que la mayoría de los jóvenes y muchos adultos luchan en nuestros días: El sentido de valía. Debido a su baja autoestima debido a su apariencia personal, Tolstoi, en un momento de su vida, pidió a Dios que obrara un milagro y lo convirtiera en un hombre apuesto. (Se parece mucho al tipo de petición que muchas personas harían hoy, ¿no cree?)

No fue hasta años después, ya como adulto, que Tolstoi se dio cuenta de que las apariencias no son lo que le dan valor a las personas. En algunos de sus escritos, Tolstoi reveló su descubrimiento de que poseer belleza interior y un carácter fuerte es lo que más complace a Dios y por tanto, es lo más importante. Parece que con este cambio en el pensamiento de Tolstoi sobrevino algo parecido a un renacimiento en su vida.

Una vez que la mente y el corazón de Tolstoi se dieron cuenta de lo que es verdaderamente importante en la vida, su escritos evidenciaron un sentido nuevo de pasión y propósito. La naturaleza de su carácter se hizo más valiente y segura, reflejo la seguridad que Tolstoi tenía en sí mismo.

Descubrir la promesa

Al igual que Tolstoi, muchos hombres y mujeres padecen hoy de lo que algunos llaman "baja autoestima" o "pobre imagen de sí mismo". En sus mentes, ellos sienten que no están bien: que son demasiado altos... demasiado bajitos... demasiado gordos... demasiado lo que sea. Algunos que no pueden entender su valor, se retiran dentro de una concha de tristeza y soledad. Otros intentan compensarla de alguna manera, como es ponerse una máscara de seguridad en sí mismos; una fachada escandalosa, bulliciosa, de convites. ¡No es de asombrar que tantas personas tengan problemas con respecto de su amor propio cuando tienen que hablar de sí mismos!

¿Y qué pasaría si usted y yo lo viéramos todo con una perspectiva diferente y habláramos de nuestra valía ante los ojos de Dios, o de nuestra valía en Jesucristo? He aquí la respuesta de Dios al problema de la autoestima, dada en la siguiente promesa de Jesús:

> *¿No se venden dos pajarillos*
> *por un cuarto?*
> *Con todo, ni uno de ellos cae a tierra*
> *sin vuestro Padre.*
> *Pues aun vuestros cabellos*
> *están todos contados.*
> *Así que, no temáis;*
> *más valéis vosotros que muchos pajarillos.*
> Mateo 10:29-31

Entender la promesa

Cuando Jesús pronunció esta declaración de consuelo, estaba absorto en asegurarles a sus discípulos que no importaba lo que pasara en el futuro con la predicación del evangelio, sus discípulos podrían sentirse valientes y seguros. ¿Por qué? Por su relación con Dios y su valía ante el Padre y por la preocupación del Señor para con ellos.

1. Su valía la mide el cuidado soberano de Dios

Jesús, con gran maestría, dio a conocer su punto de vista: Aun cuando un insignificante pajarillo cae a tierra, no sucede "sin vuestro padre" o sin el conocimiento del Padre. Jesús llegó a la conclusión de que si Dios se preocupa tanto por *un* pajarillo, ¿cuánto cree que se preocupe por ustedes? ¿Y la respuesta? ¡Más! ¡Mucho más! Jesús dijo que "más valéis vosotros que muchos pajarillos".

¡Pero Jesús no se detuvo ahí! Usted le resulta de tal importancia a su Padre, que Él ha contado "vuestros cabellos". Expertos médicos estiman que en el cuero cabelludo humano hay más de 100.000 folículos, y que el hombre promedio pierde —y vuelven a salirle— cerca de 100 cabellos diarios. (Desgraciadamente los expertos "olvidaron" mencionar el número de folículos que tienen las mujeres, pero seguramente es similar. No obstante...) Es verdaderamente asombroso. Dios ha contado cada uno de los cabellos suyos. ¡Así de importante le resulta usted a Él! ¿Por qué dudaría usted de la valía que Dios le ha dado y de su significado para Él?

2. Su valía la determina su cercanía a Jesús

Algunas personas padecen de tener una "pobre imagen de sí mismos" porque erróneamente piensan que no valen nada. Otros sencillamente presentan el problema opuesto: tienen un ego enorme. Piensan que no hay nada que no puedan hacer. ¡Piensan que valen más que todo! Note que tanto los de baja autoestima como los que tienen egos enormes, viven concentrados en *sí mismos* y en sus propias capacidades o la falta de ellas.

Pero, como cristiano, usted debe conocer que su valía proviene de Jesucristo. Él dijo: "Yo soy la vid, vosotros los pámpanos; el que permanece en mí, y yo en él, éste lleva mucho fruto; porque separados de mí nada podéis hacer" (Jn. 15:5). ¡Amigo, la base de su valía como individuo es su identidad en Cristo! Es así de sencillo. Separado de Él, usted es incapaz, de acuerdo con las normas eternas, de lograr mucho. Muchos hombres y mujeres creen tener éxito. Ello sucede porque miden su éxito con ojos humanos y normas humanas (salario anual, cantidad de metros cuadrados que tiene su casa, educación, empleo, talento, rango profesional). Sin embargo, la verdadera valía solo viene cuando se acerca uno a Cristo y permanece íntimamente relacionado con Él. Solo Jesús tiene verdadera valía, y es en Él, en Cristo, que usted adquirirá valía.

3. Su valía se basa en la creación

En los primeros años de nuestro matrimonio, como pareja, construimos un librero de pino. Elizabeth hizo el diseño y Jim lo construyó, cortando las piezas de madera y acoplándolas. Después, pintamos nuestra "obra de arte". Durante los siguientes 30 años, dicho librero constituyó el centro del salón de reuniones. Casi no tenía ningún valor. Costaría aproximadamente $30 en materiales... excepto que nosotros lo habíamos hecho. Eso lo hacía de valor inestimable para nosotros.

El cuerpo humano está formado de materiales que valen solo unos pocos centavos. Pero para Dios, usted es de valor inestimable. ¿Por qué? Porque Él lo creó a usted. "Y creó Dios al hombre a su imagen, ... varón y hembra los creó" (Génesis 1:27). Justo igual que nuestro librero de pino nos resulta especial a nosotros, Dios ha declarado que usted es especial para Él. ¿Lo lógico no sería que si usted es de valor incalculable para el Dios del universo, no tuviera sentimientos de poca valía? Ni usted ni su cónyuge debe pensar que no tiene valía o que es un inútil si usted afirma estar relacionado con el gran Dios que los creó.

Poner en acción el poder de Dios… en su matrimonio

Dios ha prometido que ustedes dos son de gran valor para Él. Él los creó a cada uno de ustedes. Incluso fue Él quien los unió. Él cuida de ustedes como individuos y como pareja, de manera soberana y es Él quien refuerza la valía de ambos mientras permanezcan junto a su Hijo y Salvador de ustedes. ¿Qué pueden hacer entonces para recordar su valía en Cristo?

✓ *Agradezcan a Dios* que Él los creó exactamente como son (¡no importa la cantidad de cabellos que tengan o no en la cabeza!) Es un hecho: Ustedes fueron hechos de manera formidable y maravillosa (Sal. 139:14)... ¡y Dios nunca se equivoca! Su matrimonio se verá fortalecido cuando crean esta verdad.

✓ *Hagan una lista* de lo que ustedes piensan que sean sus limitaciones. Agradezcan a Dios entonces por cada una de ellas. Sus limitaciones los obligan a confiar en Dios. Ustedes deben contar con Él y con su fuerza para sopesar sus debilidades. En caso de que Dios decida no eliminar las limitaciones, Él les promete aumentar sus fuerzas para que puedan soportarlas: "Bástate mi gracia; porque mi poder se perfecciona en la debilidad" (2 Co. 12:9).

✓ *Determinen* si existen algunos pasos que deban dar para minimizar, mejorar o eliminar sus limitaciones. ¿Necesitan más estudios? ¿Necesitan librarse de algunos kilos? ¿Necesitan mejorar sus aptitudes para comunicarse? ¿Organizarse mejor?

Determine también la manera en que pueden ayudarse mutuamente para conseguir lo mismo. ¿Tienen que concentrarse más en alentarse el uno al otro, en elogiarse el uno al otro? ¿Tienen que recordarse esta promesa el uno al otro más a menudo?

✓ *Tengan en mente* que todas las limitaciones que tenga, sean cuales sean, existen por su bien (Ro. 8:28) y gloria de Dios. Acéptelas y glorifíquese en ellas. Usted tiene que aprender que "el Señor necesita más de nuestras debilidades que de nuestra fortaleza: nuestra fortaleza resulta a menudo ser rival de Dios. Nuestras debilidades, sus sirvientas, que apelan a sus recursos resaltando su gloria".[42]

Para ella

¡Vaya si los temas de valía, autoestima e imagen de sí misma serán temas candentes para las mujeres! Pero considerando las verdades expuestas en el presente capítulo, nunca has de pensar nuevamente en este asunto... ¡excepto para arrodillarte ante Dios, tu Creador, para darle las gracias y alabarlo, para glorificarlo y honrarlo!

¿Estás *tú*, mi amiga lectora, escondida en Cristo? Como creyente en Él, "habéis muerto, y vuestra vida está escondida con Cristo en Dios" (Col 3:3). Tú has sido crucificada con Cristo. Ya no eres tú quien vive, sino que es Cristo quien vive en ti (Gá. 2:20). En realidad no deberías pensar en *ti*. No, deberías pensar en Jesús y ser conforme a su imagen (Ro. 8:29), y pensar en *otros*, acerca de cómo amar y servir a otros, como hizo Él (¡comenzando por tu esposo!)

Y *tú*, amada mujer y esposa, fuiste hecha de manera formidable y maravillosa. Relee los versos al inicio del presente capítulo. ¡Alaba a Dios por su verdad! Enmiéndalo en tu alma. Es cierto, aunque no lo creas. ¿Por qué no poner en acción la verdad? Con tu valía en Dios y en Cristo firmemente arraigada, llevarás un poder a tu matrimonio y comportamiento diario con el que nadie podrá meterse o tocar. ¡Hazlo! ¡Créelo! ¡Yérguete en él!

Para él

Amigo, no hay errores en la creación de Dios: Fuiste creado exactamente de la manera que Dios quería que fueras. ¡Pensar lo contrario es un insulto a tu Creador!

Pero igual que un diamante debe pulirse para aumentar su valor, tu vida debe pulirse para aumentar su utilidad para Dios y hacer más grande tu capacidad para amar y apoyar a tu esposa. ¿Dónde necesitas pulirte?

Seguramente ya sepas cuáles son algunos de tus problemas. Así que comienza a trabajar como esposo para mejorar tus deficiencias: Tu aptitud para comunicarte, tu compasión, lo que sea. Y si de veras eres valiente y quieres mejorar, ¡pídele a tu esposa algunas sugerencias!

Ahora bien, con respecto de tu amada y dulce esposa: dale ánimo. Ella se siente cada día mejor si con regularidad tú declaras y demuestras su valor. Debes comunicarle tu amor verbalmente. Recuérdale que ella es tu ayudante maravillosa, tu alma gemela, tu brazo derecho, ¡tu amor!

Dios quiso que la unión de tu matrimonio fuera una fuerza más grande que cualquiera de ustedes por sí mismos. Una vez más: "Mejores son dos que uno". Dos logran más que uno, se ayudan el uno al otro, se consuelan el uno al otro, resisten el mundo juntos y su "lazo" no se rompe con facilidad (Ec. 4:9-12).

Las promesas de Dios…
y el carácter suyo

~

No sería genial que se pudiera contar con que las personas cumplieran sus promesas? Es casi seguro que a ambos los hayan decepcionados personas que no han cumplido su palabra.

Una experiencia

¿Alguna vez les ha sucedido algo parecido a lo que nos sucedió a nosotros la semana pasada? Una vendedora intentaba persuadirnos de comprar un escritorio en particular. Era un escritorio precioso que sabíamos que nos inspiraría de inmediato a escribir uno o dos éxitos de ventas. Pero solo había un problema: Era un escritorio y no tenía espacio para poner el teclado de la computadora.

"¡No hay problema!", dijo la vendedora. "Yo conozco un ebanista que puede convertir la gaveta del centro en una bandeja para poner el teclado. Lo llamaré, y mientras ustedes terminan su gira, él hará el trabajo de la gaveta".

¡Nos pareció bien! Con la promesa de aquella persona sonando en nuestros oídos, compramos el escritorio y acordamos la entrega.

Bueno, seguramente ya ustedes se imaginan el resto de la historia. Cuando regresamos a casa, nos encontramos con que... no le habían hecho ningún arreglo a la gaveta del escritorio. Ahora bien, ustedes deben pensar que algo así es insignificante comparado con alguna promesa en particular que les hayan hecho y no hayan cumplido. ¿Saben qué? Probablemente tengan razón. Pero nuestro tropiezo insignificante ilustra la importancia de cumplir con las promesas, sean grandes o pequeñas.

Unas palabras de aliento

Amada pareja, mientras nos preparamos para seguir nuestro camino y continuar fortaleciendo nuestro matrimonio, permítenos dejarles en compañía de la siguiente verdad:

> *El poder de una promesa*
> *depende de*
> *quién hace la promesa.*

Comparen entonces nuestra experiencia decepcionante con la palabra de la vendedora con la veracidad de la Palabra de Dios y las promesas que Él nos ha hecho. Recuerde lo que hemos venido repitiendo a lo largo del presente libro: Dios siempre cumple sus promesas, y Dios no puede mentir o ser desleal. Por consiguiente...

✓ Ustedes siempre pueden contar con Dios.

✓ Ustedes siempre pueden creen en la Palabra de Dios.

✓ Ustedes siempre pueden fiarse de la naturaleza de Dios.

✓ Ustedes siempre pueden encomendarse al poder de Dios.

✓ Ustedes siempre pueden confiar en las promesas de Dios.

Un reto

Ahora bien, con respecto del escritorio... la promesa que nos hicieron no tenía poder alguno. ¿Por qué? Porque la persona que hizo la promesa era de carácter débil. Seguro que la vendedora quiso cumplir con su promesa, y seguro que algo de gran importancia debió haber ocurrido que la distrajo o le impidió cumplir la promesa que nos hizo.

Ya sea que haya querido cumplir la promesa o no, su carácter desgraciadamente queda en tela de juicio por no cumplirla. Puede que la vendedora haya tenido buenas intenciones... pero ahora somos dueños de un hermoso escritorio que nos resulta mucho menos gratificante a causa de la promesa rota.

He aquí el reto: Ustedes (y nosotros) reflejen la naturaleza o el carácter de Dios al mantener su palabra y cumplir sus promesas. ¿Qué mejor lugar para comenzar que el hogar, cumpliendo las promesas que se hacen el uno al otro? Si uno de ustedes va a hacer una promesa, aunque sea una promesa hecha a su cónyuge, sus hijos, un miembro de la iglesia, su jefe o compañero de trabajo, o cualquier otra persona, asegúrese de cumplirla. ¡Está en juego su carácter!

Notas

1. S. D. Gordon, *Quiet Talks on Prayer* [Tranquilas conversaciones en oración] (Grand Rapids, MI: Fleming H. Revell, 1980), p. 119.

2. M. R. DeHaan y Henry G. Bosch, *Our Daily Bread* [Nuestro pan diario] (Grand Rapids, MI: Zondervan Publishing House, 1982), 27 de diciembre.

3. Herbert Lockyer, *All the Promises of the Bible* [Todas las promesas de la Biblia] (Grand Rapids, MI: Zondervan Publishing House, 1962), p. 10.

4. Leonard Ravenhill, evangelista británico, 1907–1994.

5. Herbert Lockyer, *Daily Promises—Inspiring Devotions for Every Day of the Year* [Promesas para cada día: Devociones inspiradoras para cada día del año] (Peabody, MA: Hendrickson Publishers, Inc., 1996), 31 de enero.

6. Matthew Henry, *Commentary on the Whole Bible* [Comentario de toda la Biblia] (Peabody, MA: Hendrickson Publishers, Inc., 2003), p. 2280.

7. Alice Gray, *Lists to Live By: The Fourth Collection* [Listados para vivir: Cuarta colección] (Sisters, OR: Multnomah Publishers, Inc., 2002), pp. 182-83.

8. Bruce B. Barton, et al., *Life Application Bible Commentary—Philippians, Colossians, and Philemon* [Comentario de la Biblia aplicada a la vida: Filipenses, Colosenses y Filemón] (Wheaton, IL: Tyndale House Publishers, Inc., 1995), p. 215.

9. Michael Kendrick y Daryl Lucas, 365 *Life Lessons from Bible People* [365 lecciones prácticas acerca de personajes bíblicos] (Wheaton, IL: Tyndale House Publishers, Inc., 1996), lectura #69.

10. H. W. Crocker III, *Robert E. Lee on Leadership— Executive Lessons in Character, Courage, and Vision* [El liderazgo de Robert E. Lee: Lecciones ejecutivas de cáracter, valentía y visión] (Roseville, CA: Prima Publishing, 2000), p. 35.

11. Elizabeth George, *Beautiful in God's Eyes—The Treasures of the Proverbs 31 Woman* [Bella ante los ojos de Dios: Los tesoros de la mujer de Proverbios 31] (Eugene, OR: Harvest House Publishers, 1998), pp. 9-20.

12. M. R. DeHaan y Henry C. Bosch, *Bread for Each Day* [Pan para cada día] (Grand Rapids, MI: Zondervan Publishing House, 1980) 30 de marzo.

13. Albert M. Wells, hijo, *Inspiring Quotations— Contemporary & Classical* [Citas inspiradoras: Contemporáneas y clásicas], cita de Bruce Wideman (Nashville, TN: Thomas Nelson Publishers, 1988), p. 199.

14. Matthew Henry, *Commentary on the Whole Bible* [Comentario de toda la Biblia] (Peabody, MA: Hendrickson Publishers, Inc., 2003), p. 891.

15. John Newton, *Sublime gracia*.

16. Julia M. Johnston, *Gracia admirable del Dios de amor*. Usado con permiso.

17. William MacDonald, *Enjoying the Proverbs* [Regocíjese en Proverbios], notas sobre Proverbios 28:26 (Kansas City, KS: Walterick Publishers, 1982), p. 151.

18. Warren W. Wiersbe, *Be Skillful* [Seamos sabios] (Colorado Springs, CO: Chariot Victor Publishing, 1995), p. 38. Este libro está publicado en castellano por Editorial Portavoz.

19. Edward Mote, *The Solid Rock* [La roca sólida].

20. Eleanor Doan, *Speakers Sourcebook* [Libro de recursos para el orador] (Grand Rapids, MI: Zondervan Publishing House, 1988), pp. 96, 147.

21. Robert Heinlein, *Stranger in a Strange Land* [Extraño en una tierra extraña] (información adicional desconocida).

20. Jim y Elizabeth George, *God Loves His Precious Children* [Dios ama a sus preciosos hijos], y Elizabeth George, *Powerful Promises for Every Woman* [Promesas poderosas para toda mujer] (Eugene, OR: Harvest House Publishers, 2004 y 2000, respectivamente).

23. A. J. Gordon (fuente desconocida).

24. Aquila y Priscila se mencionan en Hechos 18:1-3, 18-19, 26; Romanos 16:3-5; 1 Corintios 16:19.

25. H. Kaveribai, con los dos últimos renglones adaptados, citado en A. Naismith, *A Treasury of Notes, Quotes and Anecdotes* [Un tesoro de notas, referencias y anécdotas] (Grand Rapids, MI: Baker Book House, 1976), p. 167.

26. Autor desconocido.

27. M. R. DeHaan y Henry G. Bosch, *Our Daily Bread* [Nuestro pan diario], anónimo (Grand Rapids, MI: Zondervan Publishing House, 1982), 12 de septiembre.

28. Versión Reina-Valera 1960.

29. Rick Warren, *The Purpose Driven Life* [La vida con propósito] (Grand Rapids MI: Zondervan, 2002), p. 17.

30. Francis A. Schaeffer, *Death in the City* [Muerte en la ciudad] (Carol Stream, IL: InterVarsity Press, 1969), capítulo 1.

31. Walter B. Knight, *Knight's Treasury of Illustrations* [Tesoro de ilustraciones de Knight], citando a Tom Roberts en *Moody Monthly* (Grand Rapids, MI: Wm. B. Eerdmans Publishing Company, 1978), p. 310.

32. Jay Kessler, *Parents and Teenagers* [Padres y adolescentes], citando a Dwight Spotts, "What Is Child Abuse?" [¿Quién es un niño maltratado?] (Wheaton, IL: Victor Books, 1984), p. 426.

33. Benjamin R. DeJong, *Uncle Ben's Quote Book* [Libro de referencias del tío Ben] (Grand Rapids, MI: Baker Book House, 1977), p. 131.

34. J. Oswald Sanders, *Spiritual Leadership* [Liderazgo espiritual] (Chicago: Moody Press, 1976), p. 45. Este libro está publicado en castellano por Editorial Portavoz.

35. W. E. Vine, *Vine's Expository Dictionary of Old and New Testament Words* [Diccionario expositivo de palabras del Antiguo y Nuevo Testamento de Vine] (Nashville, TN: Thomas Nelson Publishers, 1997), p. 308.

36. Jim George, *God's Man of Influence* [La influencia de un hombre de Dios] (Eugene OR: Harvest House Publishers, 2003), p. 84. Este libro está publicado en castellano por Editorial Portavoz.

37. Benjamin R. DeJong, *Uncle Ben's Quotebook* [Libro de referencias del tío Ben] (Grand Rapids, MI: Baker Book House, 1977), p. 75.

38. D. L. Moody citado en *Northfield Echoes*, vol. 2, ed. D. L. Peirson (East Northfield, MA: Rastall & McKinley, 1895), p. 46.

39. Walter B. Knight, *Knight's Treasury of Illustrations* [Tesoro de ilustraciones de Knight], no aparece el nombre del autor (Grand Rapids, MI: Wm. B. Eerdman's Publishing Company, 1978), p. 422.

40. San Bernardo de Clairvaux.

41. A. W. Tozer, *The Divine Conquest* [La conquista divina] (Uhrichsville, OH: Barbour and Company, 1978), capítulo 6.

42. Robert Jamieson, A. R. Fausset y David Brown, *Commentary on the Whole Bible* [Comentario de toda la Biblia] (Grand Rapids, MI: Zondervan Publishing House, 1971), p. 1254.

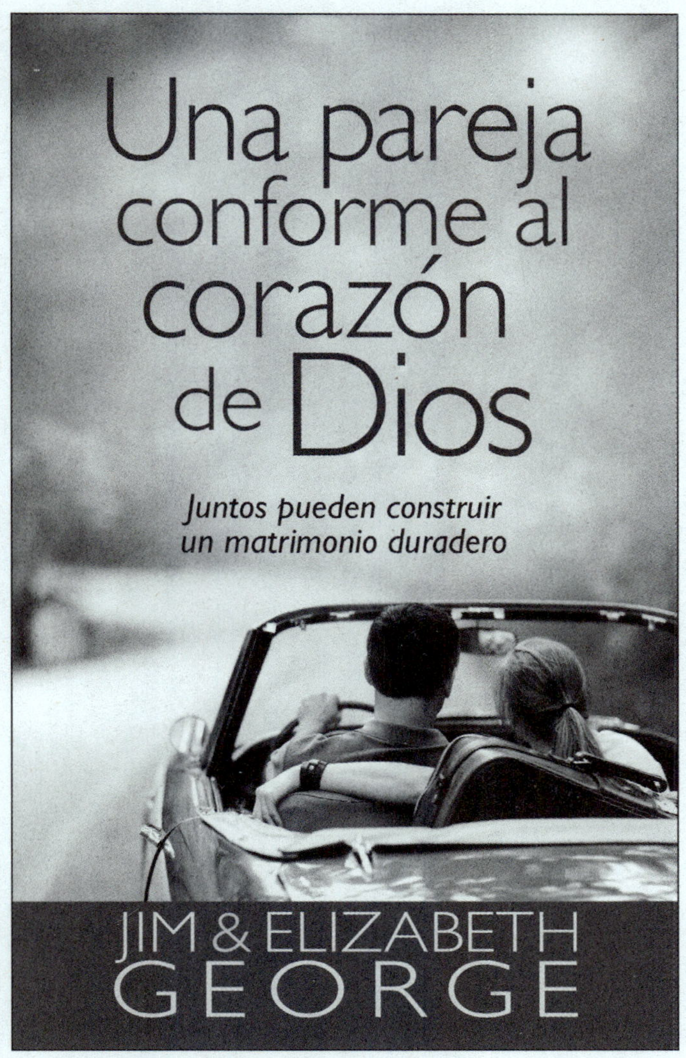

Jim y Elizabeth unen esfuerzos para compartir su sabiduría y experiencia de más de 40 años de vida marital a fin de ayudar a las parejas a acercarse más el uno al otro y a Dios. Los cónyuges descubrirán cómo enriquecer sus matrimonios. Al observar las fortalezas y debilidades de parejas de la Biblia como Abraham y Sara, Booz y Rut, José y María, y otros, aprenderán a conocer los elementos esenciales necesarios para disfrutar de una vida emocionante juntos y desarrollar mejores formas de comunicarse y tomar decisiones sólidas.

Orar las Escrituras es especialmente poderoso porque estás orando lo que Dios desea para tu esposo. Al orar así traerás una profunda unidad en tu relación matrimonial, estarás más consciente de la obra de Dios en la vida de tu esposo y le dará a él una firme confianza de que estás de su lado. Al acercarte a Dios, acercarás a tu esposo también. El hábito de pedirle a Dios por dirección en la vida de tu pareja los animaráy los enriquecerá espiritualmente.

# EDITORIAL PORTAVOZ

NUESTRA VISIÓN

Maximizar el efecto de recursos cristianos de calidad que transforman vidas.

NUESTRA MISIÓN

Desarrollar y distribuir productos de calidad —con integridad y excelencia—, desde una perspectiva bíblica y confiable, que animen a las personas a conocer y servir a Jesucristo.

NUESTROS VALORES

Nuestros valores se encuentran fundamentados en la Biblia, fuente de toda verdad para hoy y para siempre. Nosotros ponemos en práctica estas verdades bíblicas como fundamento para las decisiones, normas y productos de nuestra compañía.

Valoramos la excelencia y la calidad
Valoramos la integridad y la confianza
Valoramos el mérito y la dignidad de los individuos
 y las relaciones
Valoramos el servicio
Valoramos la administración de los recursos

Para más información acerca de nuestra editorial y los productos que publicamos visite nuestra página en la red: www.portavoz.com